Sabores da Índia

Uma Jornada Gastronômica Autêntica

Deepak Patel

Tabela de conteúdo

Mung Dhal apimentado 17
    Ingredientes 17
    Método 17

Dhal Bukhara 18
    Ingredientes 18
    Método 19

Methi Dhal 20
    Ingredientes 20
    Para o tempero: 21
    Método 21

Malai Koftas 22
    Ingredientes 22
    Para os koftas: 23
    Método 23

Aloo Palak 25
    Ingredientes 25
    Método 26

Dum ka Karela 27
    Ingredientes 27
    Para preencher: 27
    Para o tempero: 28
    Método 28

Caril de Navratna 30

- Ingredientes 30
  - Para a mistura de especiarias: 31
  - Método 31
- Kofta de vegetais mistos em curry de tomate 33
  - Ingredientes 33
  - Para o caril: 33
  - Método 34
- Muthias em Molho Branco 36
  - Ingredientes 36
  - Para os mútias: 37
  - Método 37
- curry marrom 38
  - Ingredientes 38
  - Método 39
- caril de diamante 40
  - Ingredientes 40
  - Para diamantes: 40
  - Método 41
- Ensopado de legumes 42
  - Ingredientes 42
  - Método 43
- Curry de cogumelos e ervilha 44
  - Ingredientes 44
  - Método 45
- Navratan Korma 46
  - Ingredientes 46
  - Método 47

Sindi Sai Bhaji* 48
    Ingredientes 48
    Método 49
Beterraba Nawabi 50
    Ingredientes 50
    Método 51
Baghara Baingan 52
    Ingredientes 52
    Método 53
Kofta de cenoura cozida no vapor 54
    Ingredientes 54
    Para o kafta: 54
    Para o macarrão: 55
    Método 56
Dhingri Shabnam 57
    Ingredientes 57
    Para preencher: 57
    Para o molho: 57
    Método 58
Cogumelo Xacutti 60
    Ingredientes 60
    Método 61
Paneer e curry de milho 62
    Ingredientes 62
    Método 63
Basant Bahar 64
    Ingredientes 64

Para o molho: 65
Método 65
Palak Kofta 67
Ingredientes 67
Para o kafta: 67
Para o molho: 67
Método 68
Repolho Kofta 70
Ingredientes 70
Para o kafta: 70
Para o molho: 70
Método 71
Koottu 72
Ingredientes 72
Método 73
Paneer Manteiga Masala 74
Ingredientes 74
Para o molho: 74
Método 75
Mor Kolambu 77
Ingredientes 77
Para a mistura de especiarias: 77
Método 78
Aloo Gobhi aur Methi ka Tuk 79
Ingredientes 79
Método 80
Avial 81

Ingredientes 81
    Método 82
Caril de leitelho 83
    Ingredientes 83
    Método 84
Creme de couve-flor ao curry 85
    Ingredientes 85
    Método 86
Ervilha Usal 87
    Ingredientes 87
    Método 88
Aloo Posto 89
    Ingredientes 89
    Método 89
Palak Paneer 90
    Ingredientes 90
    Método 91
Matar Paneer 92
    Ingredientes 92
    Método 93
Dahi Karela 94
    Ingredientes 94
    Método 95
Caril de Tomate com Legumes 96
    Ingredientes 96
    Método 96
Doodhi com Chana Dhal 97

Ingredientes	97
Método	98
Tomate chi Bhaji*	99
Ingredientes	99
Método	100
Batatas Secas	101
Ingredientes	101
Método	101
Quiabo Recheado	103
Ingredientes	103
Método	103
Masala Quiabo	105
Ingredientes	105
Método	105
Simla Matar	106
Ingredientes	106
Método	107
Vagens	108
Ingredientes	108
Método	108
Baquetas Masala	109
Ingredientes	109
Método	110
Batata Picante Seca	111
Ingredientes	111
Método	112
Khatte Palak	113

Ingredientes 113

Método 114

Legumes Mistos Três em Um 115

Ingredientes 115

Método 115

Batata ao molho de iogurte 116

Ingredientes 116

Para a mistura de especiarias: 116

Método 116

Kele ki Bhaji 117

Ingredientes 117

Método 118

Coco Kathal 119

Ingredientes 119

Para o tempero: 119

Método 120

Fatias de inhame picante 121

Ingredientes 121

Método 122

inhame masala 123

Ingredientes 123

Método 123

Beterraba Masala 125

Ingredientes 125

Método 126

Brotos de Feijão Masala 127

Ingredientes 127

Método 128
Mirch Masala 129
    Ingredientes 129
    Método 130
Kadhi de tomate 131
    Ingredientes 131
    Método 132
Kolhapuri Vegetal 133
    Ingredientes 133
    Método 134
Undhiyu 135
    Ingredientes 135
    Para os mútias: 136
    Método 136
Caril Kofta De Banana 137
    Ingredientes 137
    Para o caril: 137
    Método 138
Cabaça Amarga com Cebola 139
    Ingredientes 139
    Método 140
Sukha Khatta Chana 141
    Ingredientes 141
    Método 142
Bharwan Karela 143
    Ingredientes 143
    Para o recheio: 143

Método 144
Caril de repolho Kofta 145
    Ingredientes 145
    Para o molho: 145
    Método 146
abacaxi gojju 147
    Ingredientes 147
    Para a mistura de especiarias: 147
    Método 148
Cabaça Amarga Gojju 149
    Ingredientes 149
    Método 150
Baingan Mirchi ka Salan 151
    Ingredientes 151
    Método 152
Frango com verduras 153
    Ingredientes 153
    Método 153
    Para a marinada: 154
Frango Tikka Masala 155
    Ingredientes 155
    Método 156
Frango Recheado Picante em Molho Rico 157
    Ingredientes 157
    Método 158
Masala de frango picante 160
    Ingredientes 160

- Método 161
- Frango da Caxemira 162
  - Ingredientes 162
  - Método 163
- Rum e Frango 164
  - Ingredientes 164
  - Método 165
- Frango Shahjahani 166
  - Ingredientes 166
  - Método 167
- frango de páscoa 168
  - Ingredientes 168
  - Método 169
- Pato Picante com Batata 170
  - Ingredientes 170
  - Método 171
- Pato moile 172
  - Ingredientes 172
  - Método 173
- Bharwa Murgh Kaju 174
  - Ingredientes 174
  - Método 175
- Masala de frango com iogurte 177
  - Ingredientes 177
  - Método 178
- Frango Dhansak 180
  - Ingredientes 180

Método 181
Frango Chatpata 183
    Ingredientes 183
    Para a marinada: 184
    Método 184
Pato Masala com leite de coco 185
    Ingredientes 185
    Para a mistura de especiarias: 185
    Método 186
Frango Dil Bahar 187
    Ingredientes 187
    Método 188
Dum ka Murgh 190
    Ingredientes 190
    Método 191
Murgh Kheema Masala 192
    Ingredientes 192
    Método 193
Frango Recheado Nawabi 194
    Ingredientes 194
    Para o recheio: 194
    Método 195
Murgh ke Nazaré 196
    Ingredientes 196
    Para o molho: 197
    Método 198
Murgh Pasanda 199

Ingredientes 199

Método 200

Murgh Masala 201

Ingredientes 201

Para a mistura de especiarias: 201

Método 202

Creme de frango Bohri 203

Ingredientes 203

Método 204

Jhatpat Murgh 205

Ingredientes 205

Método 205

Frango com curry verde 206

Ingredientes 206

Método 207

Murgh Bharta 208

Ingredientes 208

Método 208

Frango com Sementes de Ajowan 209

Ingredientes 209

Método 210

Tikka de frango com espinafre 211

Ingredientes 211

Para a marinada: 211

Método 212

Frango Yakhni 213

Ingredientes 213

Método	214
Frango com pimenta	215
Ingredientes	215
Método	216
Frango com pimenta	217
Ingredientes	217
Método	217

Mung Dhal apimentado

Para 4 pessoas

Ingredientes

225g/8 onças de mung dhal*

Sal a gosto

2 pimentões verdes picados finamente

pitada de cúrcuma

1,25 litros / 2½ litros de água

1 colher de chá de suco de limão

½ colher de chá de pimenta preta moída

Método

- Misture dhal, sal, pimenta verde, açafrão e água em uma panela. Cozinhe em fogo médio por 45 minutos.

- Adicione o suco de limão e a pimenta. Misture bem. Servir quente.

Dhal Bukhara

(grama preto inteiro cremoso)

Serve 4-6 porções

Ingredientes

600g/1 lb 5 onças urad dhal*, encharcado durante a noite

2 colheres de sopa de feijão, demolhado durante a noite

2 litros / 3½ litros de água

Sal a gosto

3 colheres de sopa de manteiga

1 colher de chá de sementes de cominho

1 cebola grande, finamente picada

2,5 cm/1 polegada de raiz de gengibre, finamente picado

2 dentes de alho picados finamente

1 colher de chá de pimenta em pó

1 colher de sopa de coentro moído

4 tomates escaldados e picados

½ colher de chá de garam masala

2 colheres de sopa de creme fresco

2 colheres de sopa de iogurte

3 colheres de sopa de manteiga

Raiz de gengibre de 2,5 cm/1 polegada, juliana

2 pimentões verdes, cortados longitudinalmente

1 colher de sopa de folhas de coentro picadas finamente

Método

- Não escorra o dhal e o feijão. Misture com água e sal em uma panela. Cozinhe por uma hora em fogo médio. Misture delicadamente e reserve.

- Em uma frigideira pequena, derreta a manteiga. Adicione as sementes de cominho. Deixe-os chiar por 15 segundos.

- Adicione a cebola, o gengibre, o alho, a pimenta em pó, os coentros e o tomate. Cozinhe por 7-8 minutos, mexendo ocasionalmente.

- Adicione o garam masala, o creme, o iogurte e o ghee. Misture bem. Cozinhe por 2-3 minutos.

- Adicione esta mistura ao dhal. Cozinhe por 10 minutos.

- Decore com gengibre, pimenta verde e folhas de coentro. Sirva quente com arroz cozido no vapor, chapatti ou naan.

Methi Dhal

(Dividir grama vermelha com feno-grego)

Para 4 pessoas

Ingredientes

50g/1¾oz de folhas frescas de feno-grego, picadas finamente

Sal a gosto

300g/10 onças de toor dhal*

1,5 litros / 2¾ litros de água

1 cebola grande, finamente picada

2 tomates picados finamente

2 colheres de chá de pasta de tamarindo

1 pimentão verde, cortado longitudinalmente

¼ colher de chá de açafrão

¾ colher de chá de pimenta em pó

2 colheres de sopa de coco ralado fresco

1 colher de sopa de açúcar mascavo*, Grato

Para o tempero:

2 colheres de chá de óleo vegetal refinado

½ colher de chá de sementes de mostarda

6 folhas de curry

8 dentes esmagados

Método

- Esfregue as folhas de feno-grego com um pouco de sal e reserve.

- Cozinhe o toor dhal com água e sal em uma panela por 45 minutos em fogo médio.

- Adicione as folhas de feno-grego junto com a cebola, o tomate, a pasta de tamarindo, a pimenta verde, a cúrcuma, a pimenta em pó, o coco e o açúcar mascavo. Misture bem. Adicione um pouco mais de água se necessário. Cozinhe por 5 minutos.

- Retire do fogo. Misture bem e reserve.

- Aqueça o óleo em uma panela. Adicione sementes de mostarda, folhas de curry e cravo. Deixe-os chiar por 15 segundos. Despeje isso em cima do dhal. Servir quente.

Malai Koftas

(bolinhos com molho doce)

Para 4 pessoas

Ingredientes

2,5 cm/1 polegada de canela

6 vagens de cardamomo verde

¼ colher de chá de noz-moscada moída

6 dentes

3 colheres de chá de pimenta branca moída na hora

3,5cm/1½ pol. de raiz de gengibre ralado

½ colher de chá de açafrão

2 dentes de alho esmagados

2½ colheres de chá de açúcar

Sal a gosto

120ml de água

3 colheres de sopa de manteiga

360ml/12fl oz de leite

120ml / 4fl oz de creme de leite

1 colher de sopa de queijo cheddar ralado

1 colher de sopa de folhas de coentro picadas finamente

Para os koftas:

50g/1¾oz de khoya*

50g/1¾oz de paneer*

4 batatas grandes cozidas e amassadas

4-5 pimentões verdes, picados finamente

1 cm/½ polegada de raiz de gengibre ralado

1 colher de chá de coentro picado

½ colher de chá de sementes de cominho

Sal a gosto

20g/¾ onças de passas

20 g/¾oz de castanhas de caju

Método

- Para os koftas, amasse todos os ingredientes do kofta, exceto as passas e as castanhas de caju, para formar uma massa macia.

- Divida esta massa em bolas do tamanho de nozes. Pressione 2-3 passas e castanhas de caju no centro de cada bola.

- Asse as bolas em forno a 200°C (400°F/Gas Mark 6) por 5 minutos. Deixe-os de lado.

- Para o molho, asse a canela, o cardamomo, a noz-moscada e o cravo em uma frigideira em fogo baixo por 1 minuto. Esmague e reserve.

- Moa a pimenta, o gengibre, a cúrcuma, o alho, o açúcar e o sal com a água. Deixou de lado.

- Aqueça o ghee em uma panela. Adicione a mistura de canela e cardamomo. Frite em fogo médio por um minuto.

- Adicione a mistura de pimenta e gengibre. Frite por 5-7 minutos, mexendo ocasionalmente.

- Adicione o leite e as natas. Cozinhe por 15 minutos, mexendo ocasionalmente.

- Coloque os koftas quentes em uma panela.

- Despeje o molho sobre os koftas e decore com o queijo e as folhas de coentro. Servir quente.

- Alternativamente, depois de despejar o molho sobre os koftas, leve ao forno pré-aquecido a 200°C (400°F, Gas Mark 6) por 5 minutos. Decore com queijo e folhas de coentro. Servir quente.

Aloo Palak

(Batatas Cozidas com Espinafre)

Para 6

Ingredientes

300g/10oz de espinafre picado e cozido no vapor

2 pimentões verdes, cortados longitudinalmente

4 colheres de sopa de manteiga

2 batatas grandes, cozidas e cortadas em cubos

½ colher de chá de sementes de cominho

Raiz de gengibre de 2,5 cm/1 polegada, juliana

2 cebolas grandes, finamente picadas

3 tomates picados finamente

1 colher de chá de pimenta em pó

½ colher de chá de canela em pó

½ colher de chá de cravo moído

¼ colher de chá de açafrão

½ colher de chá de garam masala

½ colher de chá de farinha de trigo integral

1 colher de chá de suco de limão

Sal a gosto

½ colher de sopa de manteiga

Grande pitada de assa-fétida

Método

- Moa o espinafre com pimenta verde no liquidificador. Deixou de lado.
- Aqueça o ghee em uma panela. Adicione as batatas e frite em fogo médio até dourar e ficar crocante. Escorra-os e reserve.
- No mesmo ghee, adicione sementes de cominho. Deixe-os chiar por 15 segundos.
- Adicione o gengibre e a cebola. Frite-os em fogo médio por 2-3 minutos.
- Adicione o restante dos ingredientes, exceto a manteiga e a assa-fétida. Cozinhe a mistura em fogo médio por 3-4 minutos, mexendo em intervalos regulares.
- Adicione o espinafre e as batatas. Misture bem e cozinhe por 2-3 minutos. Reserve a mistura.
- Aqueça a manteiga em uma panela pequena. Adicione a assa-fétida. Deixe chiar por 5 segundos.
- Despeje esta mistura imediatamente sobre o aloo palak. Misture delicadamente. Servir quente.

OBSERVAÇÃO:*Você pode substituir as batatas por ervilhas frescas ou grãos de milho.*

Dum ka Karela

(Cabaça Amarga Cozida Lentamente)

Para 4 pessoas

Ingredientes

12 cabaças amargas*

Sal a gosto

500ml/16fl oz de água

1 colher de chá de açafrão

1 colher de chá de pasta de gengibre

1 colher de chá de pasta de alho

Manteiga para espalhar e untar

Para preencher:

1 colher de sopa de coco fresco picado

60g/2 onças de amendoim

1 colher de sopa de sementes de gergelim

1 colher de chá de sementes de cominho

2 cebolas grandes

Raiz de gengibre de 2,5 cm/1 polegada, juliana

2 colheres de chá de açúcar mascavo*, Grato

1½ colher de chá de coentro moído

1 colher de chá de pimenta em pó

Sal a gosto

150g de paneer*, Grato

Para o tempero:

3 colheres de sopa de óleo vegetal refinado

10 folhas de curry

½ colher de chá de sementes de cominho

½ colher de chá de sementes de mostarda

¼ colher de chá de sementes de feno-grego

Método

- Faça um único corte longitudinal nas cabaças amargas, cuidando para que as bases permaneçam intactas. Deseje-os. Esfregue-os com sal e deixe descansar por 1 hora.
- Misture água com açafrão, pasta de gengibre, pasta de alho e um pouco de sal em uma panela e cozinhe em fogo médio por 5-7 minutos. Adicione cabaças amargas. Cozinhe até ficar macio. Escorra e reserve.
- Para o recheio, asse a seco todos os ingredientes do recheio, exceto o paneer. Misture a mistura torrada seca com 60 ml de água. Triture até obter uma pasta fina.
- Adicione o painel. Misture bem com a pasta moída. Deixou de lado.

- Aqueça o óleo em uma frigideira. Adicione os ingredientes do tempero. Deixe-os chiar por 15 segundos.
- Despeje sobre a mistura de recheio. Misture bem. Divida o recheio em 12 porções iguais.
- Coloque uma porção em cada cabaça amarga. Coloque-os em uma assadeira untada com o lado recheado voltado para cima. Faça alguns furos em uma folha de papel alumínio e feche a bandeja com ela.
- Asse as cabaças amargas em forno a 140°C (275°F, marca de gás 1) por 30 minutos, regando em intervalos regulares. Servir quente.

Caril de Navratna

(Curry de vegetais)

Para 4 pessoas

Ingredientes

100g/3½ onças de feijão francês

2 cenouras grandes

100g/3½ onças de couve-flor

200g/7 onças de ervilhas

360ml/12fl oz de água

4 colheres de sopa de ghee mais extra para fritar

2 batatas picadas

150g de paneer*, cortado em pedaços

2 tomates em purê

2 pimentões verdes grandes, cortados em tiras compridas

150g/5½oz de castanha de caju

250g/9oz de passas

2 colheres de chá de açúcar

Sal a gosto

200g/7oz de iogurte batido

2 fatias de abacaxi picado

algumas cerejas

Para a mistura de especiarias:

6 dentes de alho

2 pimentões verdes

4 pimentas vermelhas secas

2,5 cm/1 polegada de raiz de gengibre

2 colheres de chá de sementes de coentro

1 colher de chá de sementes de cominho

1 colher de chá de sementes de cominho preto

3 vagens de cardamomo verde

Método

- Corte o feijão, a cenoura e a couve-flor em cubos. Misture-os com as ervilhas e a água. Cozinhe esta mistura em uma panela em fogo médio por 7 a 8 minutos. Deixou de lado.
- Aqueça o ghee para fritar em uma frigideira. Adicione as batatas e o paneer. Frite-os em fogo médio até dourar. Escorra-os e reserve.
- Moa todos os ingredientes da mistura de especiarias até formar uma pasta. Deixou de lado.
- Aqueça 4 colheres de sopa de ghee em uma panela. Adicione a pasta de especiarias. Frite em fogo médio por 1-2 minutos, mexendo sempre.
- Adicione o purê de tomate, o pimentão, a castanha de caju, as passas, o açúcar e o sal. Misture bem.

- Adicione os legumes cozidos, o paneer frito e as batatas e o iogurte. Mexa até que o iogurte e o purê de tomate cubram o restante dos ingredientes. Cozinhe por 10-15 minutos.
- Decore o curry Navratna com as rodelas de abacaxi e as cerejas. Servir quente.

Kofta de vegetais mistos em curry de tomate

Para 4 pessoas

Ingredientes

Para o kafta:

125g/4½ onças de milho congelado

125g/4½ onças de ervilhas congeladas

60g/2oz de feijão francês, picado

60g/2oz de cenouras, picadas finamente

375g/13 onças de besan*

½ colher de chá de pimenta em pó

pitada de cúrcuma

1 colher de chá de amchoor*

1 colher de chá de coentro moído

½ colher de chá de cominho em pó

Sal a gosto

Óleo vegetal refinado para fritar

Para o caril:

4 tomates picados finamente

2 colheres de chá de pasta de tomate

1 colher de chá de gengibre em pó

½ colher de chá de pimenta em pó

¼ colher de chá de açúcar

¼ colher de chá de canela em pó

2 dentes

Sal a gosto

1 colher de sopa de paneer*, Grato

25g / escassas 1 onça de folhas de coentro, picadas finamente

Método

- Para o kofta, misture o milho, a ervilha, o feijão e a cenoura em uma panela. Ferva a mistura.
- Amasse a mistura parboilizada com os ingredientes restantes do kofta, exceto o óleo, para formar uma massa macia. Divida a massa em bolas do tamanho de um limão.
- Aqueça o óleo em uma frigideira. Adicione as bolas de kofta. Frite-os em fogo médio até dourar. Escorra os koftas e reserve.
- Para o curry, misture todos os ingredientes do curry, exceto o paneer e as folhas de coentro, em uma panela.
- Cozinhe esta mistura por 15 minutos em fogo médio, mexendo sempre.
- Adicione delicadamente os koftas ao curry, 15 minutos antes de servir.
- Decore com paneer e folhas de coentro. Servir quente.

Muthias em Molho Branco

(Almôndegas de paneer e feno-grego em molho branco)

Para 4 pessoas

Ingredientes

- 1 colher de sopa de castanha de caju
- 1 colher de sopa de amendoim levemente torrado
- 1 fatia de pão branco
- 1 cebola média picada finamente
- 2,5 cm/1 polegada de raiz de gengibre
- 3 pimentões verdes
- 1 colher de chá de sementes de papoula embebidas em 2 colheres de sopa de leite por 1 hora
- 2 colheres de sopa de ghee
- 240ml de leite
- 1 colher de chá de açúcar em pó
- Pitada de canela em pó
- Pitada de cravo moído
- 120ml / 4fl oz de creme de leite
- Sal a gosto
- 200g/7 onças de iogurte

Para os mútias:

Paneer 300g/10oz*, desmoronou

1 colher de sopa de folhas de feno-grego picadas

1 colher de sopa de farinha branca simples

Sal a gosto

Pimenta em pó a gosto

Ghee para fritar

Método

- Amasse todos os ingredientes da muthia, exceto o ghee, para formar uma massa macia. Divida a massa em bolas do tamanho de nozes.
- Aqueça o ghee em uma panela. Adicione as bolinhas e frite em fogo médio até dourar. Deixou de lado.
- Moa as castanhas de caju, os amendoins torrados e o pão com água suficiente para formar uma pasta. Reserve a mistura.
- Moa a cebola, o gengibre, a pimenta e as sementes de papoula com água suficiente para formar uma pasta. Reserve a mistura.
- Aqueça o ghee em uma panela. Adicione a mistura de cebola e gengibre. Frite até dourar.
- Adicione todos os ingredientes restantes e a pasta de caju e amendoim. Misture bem. Cozinhe por 15 minutos, mexendo sempre.
- Adicione as mútias. Misture delicadamente. Servir quente.

curry marrom

Para 4 pessoas

Ingredientes

2 vagens de cardamomo verde

2 dentes

2 grãos de pimenta preta

1cm de canela

1 folha de louro

2 pimentas vermelhas secas

1 colher de chá de farinha de trigo integral

2 colheres de sopa de óleo vegetal refinado

1 cebola grande, fatiada

1 colher de chá de sementes de cominho

Pitada de assa-fétida

1 pimentão verde grande, cortado em juliana

Raiz de gengibre de 2,5 cm/1 polegada, juliana

4 dentes de alho esmagados

½ colher de chá de pimenta em pó

¼ colher de chá de açafrão

1 colher de chá de coentro moído

2 tomates grandes, picados finamente

1 colher de sopa de pasta de tamarindo

Sal a gosto

1 colher de sopa de folhas de coentro picadas finamente

Método

- Moa cardamomo, cravo, pimenta, canela, louro e pimenta vermelha até obter um pó fino. Deixou de lado.
- Asse a farinha a seco até obter uma cor rosa claro, mexendo continuamente. Deixou de lado.
- Aqueça o óleo em uma panela. Adicione a cebola. Frite em fogo médio até dourar. Escorra e bata até obter uma pasta fina. Deixou de lado.
- Aqueça o mesmo óleo e acrescente as sementes de cominho. Deixe-os chiar por 15 segundos.
- Adicione assa-fétida, pimentão verde, gengibre e alho. Refogue por um minuto.
- Adicione os restantes ingredientes, exceto as folhas de coentro. Misture bem.
- Adicione a mistura de cardamomo moído e cravo, a farinha torrada seca e a pasta de cebola. Misture bem.
- Cozinhe por 10-15 minutos.
- Decore com folhas de coentro. Servir quente.

OBSERVAÇÃO:*Este curry combina bem com vegetais como batatinhas com casca, ervilhas e pedaços de berinjela salteados.*

caril de diamante

Para 4 pessoas

Ingredientes

2-3 colheres de sopa de óleo vegetal refinado

2 cebolas grandes, moídas até formar uma pasta

1 colher de chá de pasta de gengibre

1 colher de chá de pasta de alho

2 tomates grandes, purê

1-2 pimentões verdes

½ colher de chá de açafrão

1 colher de sopa de cominho moído

½ colher de chá de garam masala

½ colher de chá de açúcar

Sal a gosto

250ml/8fl oz de água

Para diamantes:

250g/9 onças de besan*

200ml/7fl oz de água

1 colher de sopa de óleo vegetal refinado

1 pitada de assa-fétida

½ colher de chá de sementes de cominho

25g / escassas 1 onça de folhas de coentro, picadas finamente

2 pimentões verdes picados finamente

Sal a gosto

Método

- Para o molho, aqueça o azeite em uma panela. Adicione a pasta de cebola. Frite o macarrão em fogo médio até ficar translúcido.
- Adicione a pasta de gengibre e a pasta de alho. Frite por um minuto.
- Adicione os ingredientes restantes, exceto os ingredientes diamante. Misture bem. Cubra com uma tampa e cozinhe a mistura por 5-7 minutos. Reserve o molho.
- Para fazer os diamantes, misture cuidadosamente o besan com água para formar uma massa espessa. Evite a formação de grumos. Deixou de lado.
- Aqueça o óleo em uma panela. Adicione a assa-fétida e as sementes de cominho. Deixe-os chiar por 15 segundos.
- Adicione a massa besan e todos os ingredientes restantes do diamante. Mexa continuamente em fogo médio até que a mistura saia das laterais da panela.
- Unte uma assadeira antiaderente de 15 × 35 cm/6 × 14 polegadas. Despeje a massa e alise com uma espátula. Deixe descansar por 20 minutos. Corte em formato de diamante.
- Adicione os diamantes ao molho. Servir quente.

Ensopado de legumes

Para 4 pessoas

Ingredientes

1 colher de sopa de farinha branca simples

3 colheres de sopa de óleo vegetal refinado

4 dentes

2,5 cm/1 polegada de canela

2 vagens de cardamomo verde

1 cebola pequena cortada em cubos

1 cm/½ polegada de raiz de gengibre picado

2-5 pimentas verdes, cortadas longitudinalmente

10 folhas de curry

150g/5½ onças de vegetais mistos congelados

600 ml/1 litro de leite de coco

Sal a gosto

1 colher de sopa de vinagre

1 colher de chá de pimenta preta moída

1 colher de chá de sementes de mostarda

1 chalota picada

Método

- Misture a farinha com água suficiente para formar uma pasta grossa. Deixou de lado.
- Aqueça 2 colheres de sopa de óleo em uma panela. Adicione o cravo, a canela e o cardamomo. Deixe-os chiar por 30 segundos.
- Adicione a cebola, o gengibre, a pimenta e as folhas de curry. Refogue a mistura em fogo médio por 2-3 minutos.
- Adicione os legumes, o leite de coco e o sal. Mexa por 2-3 minutos.
- Adicione a pasta de farinha. Cozinhe por 5-7 minutos, mexendo continuamente.
- Adicione o vinagre. Misture bem. Cozinhe por mais um minuto. Reserve o ensopado.
- Aqueça o óleo restante em uma panela. Adicione a pimenta, as sementes de mostarda e a cebola. Frite por 1 minuto.
- Despeje esta mistura sobre o ensopado. Servir quente.

Curry de cogumelos e ervilha

Para 4 pessoas

Ingredientes

2 pimentões verdes

1 colher de sopa de sementes de papoula

2 vagens de cardamomo verde

1 colher de sopa de castanha de caju

1 cm/½ polegada de raiz de gengibre

½ colher de sopa de ghee

1 cebola grande, finamente picada

4 dentes de alho picados finamente

400g/14 onças de cogumelos, fatiados

200g/7oz de ervilhas enlatadas

Sal a gosto

1 colher de sopa de iogurte

1 colher de sopa de creme

10g/¼oz de folhas de coentro, picadas finamente

Método

- Moa pimenta verde, sementes de papoula, cardamomo, castanha de caju e gengibre para formar uma pasta grossa. Deixou de lado.
- Aqueça o ghee em uma panela. Adicione a cebola. Frite em fogo médio até ficar transparente.
- Adicione o alho e a mistura de pimenta verde moída e sementes de papoula. Refogue por 5-7 minutos.
- Adicione os cogumelos e as ervilhas. Refogue por 3-4 minutos.
- Adicione o sal, o iogurte e as natas. Misture bem. Cozinhe por 5-7 minutos, mexendo ocasionalmente.
- Decore com folhas de coentro. Servir quente.

Navratan Korma

(Vegetais mistos picantes)

Para 4 pessoas

Ingredientes

1 colher de chá de sementes de cominho

2 colheres de chá de sementes de papoula

3 vagens de cardamomo verde

1 cebola grande, finamente picada

25 g / 1 onça de coco ralado

3 pimentões verdes, cortados longitudinalmente

3 colheres de sopa de manteiga

15 cajus

3 colheres de sopa de manteiga

400g/14 onças de ervilhas enlatadas

2 cenouras cozidas e picadas

1 maçã pequena, picada finamente

2 rodelas de abacaxi picadas finamente

125g/4½ onças de iogurte

60ml / 2fl oz de creme de leite

Ketchup de tomate 120ml

20 passas

Sal a gosto

1 colher de sopa de queijo cheddar ralado

1 colher de sopa de folhas de coentro picadas finamente

2 cerejas glaceadas

Método

- Moa as sementes de cominho e de papoula até obter um pó fino. Deixou de lado.
- Moa o cardamomo, a cebola, o coco e a pimenta verde até formar uma pasta grossa. Deixou de lado.
- Aqueça o ghee. Adicione as castanhas de caju. Frite-os em fogo médio até dourar. Escorra-os e reserve. Não descarte o ghee.
- Adicione a manteiga ao ghee e aqueça a mistura por um minuto, mexendo bem.
- Adicione a mistura de cardamomo e cebola. Refogue em fogo médio por 2 minutos.
- Adicione as ervilhas, a cenoura, a maçã e o abacaxi. Refogue a mistura por 5-6 minutos.
- Adicione a mistura de cominho e sementes de papoula. Cozinhe por mais um minuto em fogo baixo.
- Adicione o iogurte, as natas, o ketchup, as passas e o sal. Mexa a mistura em fogo baixo por 7-8 minutos.
- Decore o korma com o queijo, as folhas de coentros, as cerejas e os cajus fritos. Servir quente.

Sindi Sai Bhaji*

(Vegetais Picantes Sindi)

Para 4 pessoas

Ingredientes

3 colheres de sopa de óleo vegetal refinado

1 cebola grande picada

3 pimentões verdes, cortados longitudinalmente

6 dentes de alho picados finamente

1 cenoura picada finamente

1 pimentão verde grande, picado finamente

1 repolho pequeno, picado finamente

1 batata grande, picada finamente

1 berinjela picada finamente

100g/3½ onças de quiabo picado

100g/3½ onças de feijão francês, picado finamente

150g/5½ onças de folhas de espinafre, picadas finamente

100g/3½ onças de folhas de coentro, picadas finamente

300g/10 onças de masoor dhal*, embebido por 30 minutos e escorrido

150g/5½ onças de mung dhal*, embebido por 30 minutos e escorrido

750ml / 1¼ litro de água

1 colher de chá de pimenta em pó

1 colher de chá de coentro moído

½ colher de chá de açafrão

1 colher de chá de sal

1 tomate

½ colher de sopa de ghee

Pitada de assa-fétida

Método

- Aqueça o óleo em uma frigideira grande. Adicione a cebola. Frite em fogo médio até ficar transparente.
- Adicione a pimenta verde e o alho. Frite por mais um minuto.
- Adicione todos os ingredientes restantes, exceto tomate, ghee e assa-fétida. Misture bem. Cubra com uma tampa e cozinhe por 10 minutos, mexendo em intervalos regulares.
- Coloque o tomate inteiro por cima da mistura de vegetais, tampe novamente e continue cozinhando a mistura por 30 minutos.
- Retire do fogo e misture o conteúdo em pedaços grandes. Deixe o bhaji de lado.
- Aqueça o ghee em uma panela. Adicione a assa-fétida. Deixe chiar por 10 segundos. Despeje diretamente sobre o bhaji. Mexa bem a mistura. Servir quente.

Beterraba Nawabi

(Beterraba rica)

Para 4 pessoas

Ingredientes

500g / 1lb 2 onças de beterraba média, descascada

125g/4½ onças de iogurte

120ml / 4fl oz de creme de leite

Sal a gosto

Raiz de gengibre de 2,5 cm/1 polegada, juliana

100g/3½ onças de ervilhas frescas

1 colher de sopa de suco de limão

1 colher de sopa de óleo vegetal refinado

2 colheres de manteiga

1 cebola grande ralada

6 dentes de alho esmagados

1 colher de chá de pimenta em pó

pitada de cúrcuma

1 colher de chá de garam masala

250g/9oz de queijo cheddar ralado

50g/1¾oz de folhas de coentro, picadas finamente

Método

- Esvazie as beterrabas. Não jogue fora as porções coletadas. Deixou de lado.
- Misture 2 colheres de sopa de iogurte, 2 colheres de sopa de creme de leite e sal.
- Misture as beterrabas ocas nesta mistura para cobri-las bem.
- Cozinhe essas beterrabas em fogo médio por 5-7 minutos. Deixou de lado.
- Misture as porções de beterraba extraída com o gengibre, as ervilhas, o suco de limão e o sal.
- Aqueça o óleo em uma panela. Adicione a mistura de beterraba e gengibre. Refogue em fogo médio por 4-5 minutos.
- Recheie as beterrabas cozidas no vapor com esta mistura. Deixou de lado.
- Aqueça a manteiga em uma panela. Adicione a cebola e o alho. Frite em fogo médio até a cebola ficar transparente.
- Adicione o creme restante, pimenta em pó, açafrão e garam masala. Mexa bem. Cozinhe por 4-5 minutos.
- Adicione a beterraba recheada, o restante do iogurte e o queijo. Cozinhe por 2-3 minutos e adicione folhas de coentro. Servir quente.

Baghara Baingan

(Berinjela Picante e Picante)

Para 4 pessoas

Ingredientes

1 colher de sopa de sementes de coentro

1 colher de sopa de sementes de papoula

1 colher de sopa de sementes de gergelim

½ colher de chá de sementes de cominho

3 pimentas vermelhas secas

100g/3½ onças de coco ralado fresco

3 cebolas grandes, finamente picadas

2,5 cm/1 polegada de raiz de gengibre

5 colheres de sopa de óleo vegetal refinado

500 g / 1 lb 2 onças de berinjelas picadas

8 folhas de curry

½ colher de chá de açafrão

½ colher de chá de pimenta em pó

3 pimentões verdes, cortados longitudinalmente

8 folhas de curry

1½ colher de chá de pasta de tamarindo

250ml/8fl oz de água

Sal a gosto

Método

- Seque as sementes de coentro, papoula, gergelim, cominho e pimenta vermelha por 1-2 minutos. Deixou de lado.
- Moa o coco, 1 cebola e o gengibre até formar uma pasta grossa. Deixou de lado.
- Aqueça metade do azeite em uma panela. Adicione as berinjelas. Frite em fogo médio por 5 minutos, virando de vez em quando. Escorra-os e reserve.
- Aqueça o óleo restante em uma panela. Adicione as folhas de curry e as cebolas restantes. Frite-os em fogo médio até a cebola dourar.
- Adicione a pasta de coco. Refogue por um minuto.
- Adicione os ingredientes restantes. Misture bem. Cozinhe por 3-4 minutos.
- Adicione sementes de coentro torradas secas e a mistura de sementes de papoula. Misture bem. Continue cozinhando por 2-3 minutos.
- Adicione as berinjelas fritas. Mexa bem a mistura. Cozinhe por 3-4 minutos. Servir quente.

Kofta de cenoura cozida no vapor

Para 4 pessoas

Ingredientes

2 colheres de sopa de óleo vegetal refinado

2 cebolas grandes raladas

6 tomates picados finamente

1 colher de sopa de iogurte

1 colher de chá de garam masala

Para o kafta:

2 cenouras grandes raladas

125g/4½ onças de besan*

125g/4½ onças de farinha de trigo integral

150g/5½ onças de trigo quebrado

1 colher de chá de garam masala

½ colher de chá de açafrão

1 colher de chá de pimenta em pó

¼ colher de chá de ácido cítrico

½ colher de chá de bicarbonato de sódio

2 colheres de chá de óleo vegetal refinado

Sal a gosto

Para o macarrão:

3 colheres de chá de sementes de coentro

1 colher de chá de sementes de cominho

4 grãos de pimenta preta

3 dentes

5 cm/2 polegadas de canela

2 vagens de cardamomo verde

3 colheres de chá de coco ralado fresco

6 pimentas vermelhas

Sal a gosto

2 colheres de sopa de água

Método

- Amasse todos os ingredientes do kofta com água suficiente até obter uma massa lisa. Divida a massa em bolas do tamanho de nozes.
- Cozinhe as bolas em uma panela a vapor em fogo médio por 7-8 minutos. Deixou de lado.
- Misture todos os ingredientes da pasta, exceto a água. Asse a mistura a seco em fogo médio por 2-3 minutos.
- Adicione água à mistura e triture até formar uma pasta lisa. Deixou de lado.
- Aqueça o óleo em uma panela. Adicione a cebola ralada. Frite em fogo médio até ficarem transparentes.
- Adicione os tomates, o iogurte, o garam masala e a pasta moída. Refogue a mistura por 2-3 minutos.
- Adicione as bolas cozidas no vapor. Misture bem. Cozinhe a mistura em fogo baixo por 3-4 minutos, mexendo em intervalos regulares. Servir quente.

Dhingri Shabnam

(bolinhos de paneer recheados com cogumelos)

Para 4 pessoas

Ingredientes

Painel de 450g/1lb*

125g/4½ onças de farinha branca simples

60ml/2fl oz de água

Óleo vegetal refinado mais extra para fritar

¼ colher de chá de garam masala

Para preencher:

100g/3½ onças de cogumelos

1 colher de chá de manteiga sem sal

8 castanhas de caju picadas

16 passas

2 colheres de sopa de Khoya*

1 colher de sopa de paneer*

1 colher de sopa de folhas de coentro picadas finamente

1 pimenta verde picada

Para o molho:

2 colheres de sopa de óleo vegetal refinado

¼ colher de chá de sementes de feno-grego

1 cebola picadinha

1 colher de chá de pasta de alho

1 colher de chá de pasta de gengibre

¼ colher de chá de açafrão

7-8 castanhas de caju moídas

50g/1¾oz de iogurte

1 cebola grande, moída até formar uma pasta

750ml / 1¼ litro de água

Sal a gosto

Método

- Sove o paneer e a farinha com 60 ml de água até formar uma massa macia. Divida a massa em 8 bolas. Achate em discos. Deixou de lado.
- Para o recheio, corte os cogumelos em rodelas.
- Aqueça a manteiga em uma frigideira. Adicione os cogumelos fatiados. Refogue-os em fogo médio por um minuto.
- Retire do fogo e misture com os demais ingredientes do recheio.
- Divida esta mistura em 8 porções iguais.
- Coloque uma porção de recheio em cada disco de farinha paneer. Sele em sacos e alise em bolas para fazer os koftas.

- Aqueça o óleo para fritar em uma frigideira. Adicione os koftas. Frite-os em fogo médio até dourar. Escorra-os e reserve.
- Para o molho, aqueça 2 colheres de sopa de óleo em uma panela. Adicione as sementes de feno-grego. Deixe-os chiar por 15 segundos.
- Adicione a cebola. Refogue em fogo médio até ficar translúcido.
- Adicione os ingredientes restantes do molho. Misture bem. Cozinhe por 8 a 10 minutos.
- Retire do fogo e passe o molho por uma peneira para uma panela separada.
- Adicione delicadamente os koftas ao molho coado.
- Cozinhe esta mistura por 5 minutos, mexendo delicadamente.
- Polvilhe o garam masala por cima do dhingri shabnam. Servir quente.

Cogumelo Xacutti

(Cogumelos Picantes em Goa Curry)

Para 4 pessoas

Ingredientes

- 4 colheres de sopa de óleo vegetal refinado
- 3 pimentões vermelhos
- 2 cebolas grandes, finamente picadas
- 1 coco ralado
- 2 colheres de chá de sementes de coentro
- 4 grãos de pimenta preta
- ½ colher de chá de açafrão
- 1 colher de chá de sementes de papoula
- 2,5 cm/1 polegada de canela
- 2 dentes
- 2 vagens de cardamomo verde
- ½ colher de chá de sementes de cominho
- ½ colher de chá de sementes de erva-doce
- 5 dentes de alho esmagados
- Sal a gosto

2 tomates picados finamente

1 colher de chá de pasta de tamarindo

500g / 1lb 2 onças de cogumelos picados

1 colher de sopa de folhas de coentro picadas finamente

Método

- Aqueça 3 colheres de sopa de óleo em uma panela. Adicione as pimentas vermelhas. Refogue em fogo médio por 20 segundos.
- Adicione a cebola e o coco. Frite a mistura até dourar. Deixou de lado.
- Aqueça uma panela. Adicione sementes de coentro, pimenta, açafrão, sementes de papoula, canela, cravo, cardamomo, sementes de cominho e sementes de erva-doce. Asse a mistura a seco por 1-2 minutos, mexendo sempre.
- Adicione o alho e o sal. Misture bem. Asse a seco por mais um minuto. Retire do fogo e triture até formar uma mistura homogênea.
- Aqueça o óleo restante. Adicione os tomates e a pasta de tamarindo. Frite esta mistura em fogo médio por um minuto.
- Adicione os cogumelos. Refogue por 2-3 minutos.
- Adicione a mistura de sementes de coentro e pimenta e a mistura de cebola e coco. Misture bem. Refogue em fogo baixo por 3-4 minutos.
- Decore o cogumelo xacutti com folhas de coentro. Servir quente.

Paneer e curry de milho

Para 4 pessoas

Ingredientes

3 dentes

2,5 cm/1 polegada de canela

3 grãos de pimenta preta

1 colher de sopa de castanha de caju quebrada

1 colher de sopa de sementes de papoula

3 colheres de sopa de leite morno

2 colheres de sopa de óleo vegetal refinado

1 cebola grande ralada

2 folhas de louro

½ colher de chá de pasta de gengibre

½ colher de chá de pasta de alho

1 colher de chá de pimenta vermelha em pó

4 tomates em purê

125g/4½ onças de iogurte, batido

2 colheres de sopa de creme

1 colher de chá de açúcar

½ colher de chá de garam masala

Paneer 250g/9oz*, Picado

200 g/7 onças de grãos de milho doce, cozidos

Sal a gosto

2 colheres de sopa de folhas de coentro

Método

- Moa o cravo, a canela e a pimenta até obter um pó fino. Deixou de lado.
- Mergulhe as castanhas de caju e as sementes de papoula em leite morno por 30 minutos. Deixou de lado.
- Aqueça o óleo em uma panela. Adicione a cebola e as folhas de louro. Frite-os em fogo médio por um minuto.
- Adicione o cravo em pó, a canela e a pimenta e a mistura de leite de semente de caju e papoula.
- Adicione a pasta de gengibre, a pasta de alho e a pimenta vermelha em pó. Misture bem. Frite por um minuto.
- Adicione os tomates. Refogue a mistura em fogo baixo por 2-3 minutos.
- Adicione iogurte, creme, açúcar, garam masala, paneer, grãos de milho doce e sal. Mexa bem a mistura. Cozinhe em fogo baixo por 7-8 minutos, mexendo em intervalos regulares.
- Decore o curry com folhas de coentro. Servir quente.

Basant Bahar

(Tomates verdes picantes com molho)

Para 4 pessoas

Ingredientes

500g / 1lb 2 onças de tomate verde

1 colher de chá de óleo vegetal refinado

Pitada de assa-fétida

3 cebolas pequenas, finamente picadas

10 dentes de alho amassados

250g/9 onças de besan*

1 colher de chá de sementes de erva-doce

1 colher de chá de coentro moído

¼ colher de chá de açafrão

¼ colher de chá de garam masala

½ colher de chá de pimenta em pó

1 colher de chá de suco de limão

Sal a gosto

Para o molho:

3 cebolas assadas

2 tomates assados

1 cm/½ polegada de raiz de gengibre

2 pimentões verdes

1 colher de chá de iogurte

1 colher de chá de creme

Pitada de assa-fétida

1 colher de chá de sementes de cominho

2 folhas de louro

Sal a gosto

2 colheres de chá de óleo vegetal refinado

150g/5½ onças de queijo de cabra macio, esfarelado

1 colher de sopa de folhas de coentro picadas finamente

Método

- Com uma faca, faça uma cruz na metade superior do tomate e corte-o, deixando a metade inferior intacta. Repita isso para todos os tomates. Deixou de lado.
- Aqueça o óleo em uma panela. Adicione a assa-fétida. Deixe chiar por 10 segundos.
- Adicione a cebola e o alho. Frite-os em fogo médio até que as cebolas fiquem translúcidas.
- Adicione o besan, as sementes de erva-doce, o coentro moído, a cúrcuma, o garam masala e a pimenta em pó. Continue fritando por 1-2 minutos.

- Adicione o suco de limão e o sal. Misture bem. Retire do fogo e recheie os tomates cortados com esta mistura. Reserve os tomates recheados.
- Misture todos os ingredientes do molho, exceto o azeite, o queijo de cabra e as folhas de coentro, até obter uma pasta lisa. Deixou de lado.
- Aqueça 1 colher de chá de óleo. Adicione o queijo de cabra. Frite em fogo médio até dourar. Deixou de lado.
- Aqueça o óleo restante em outra panela. Adicione a pasta de molho moído. Cozinhe a mistura em fogo médio por 4-5 minutos, mexendo em intervalos regulares.
- Adicione os tomates recheados. Misture bem. Cubra a panela com uma tampa e cozinhe a mistura em fogo médio por 4-5 minutos.
- Polvilhe folhas de coentro e queijo de cabra frito por cima do basant bahar. Servir quente.

Palak Kofta

(Almôndegas de espinafre ao molho)

Para 4 pessoas

Ingredientes

Para o kafta:

300g/10oz de espinafre picado

1 cm/½ polegada de raiz de gengibre

1 pimenta verde

1 dente de alho

Sal a gosto

½ colher de chá de garam masala

30g/1oz de queijo de cabra, escorrido

2 colheres de sopa de besan*, assar

4 colheres de sopa de óleo vegetal refinado mais extra para fritar

Para o molho:

½ colher de chá de sementes de cominho

2,5 cm/1 polegada de raiz de gengibre

2 dentes de alho

¼ colher de chá de sementes de coentro

2 cebolas pequenas picadas

Pitada de pimenta em pó

¼ colher de chá de açafrão

½ tomate em purê

Sal a gosto

120ml de água

2 colheres de sopa de creme

1 colher de sopa de folhas de coentro picadas finamente

Método

- Para preparar os koftas, misture o espinafre, o gengibre, a pimenta verde, o alho e o sal em uma panela. Cozinhe esta mistura em fogo médio por 15 minutos. Escorra e misture até obter uma pasta lisa.
- Amasse esta pasta com todos os ingredientes restantes do kofta, exceto o óleo, até obter uma massa firme. Divida esta massa em bolas do tamanho de nozes.
- Aqueça o óleo para fritar em uma panela. Adicione as bolas. Frite-os em fogo médio até dourar. Escorra-os e reserve.
- Para preparar o molho, triture as sementes de cominho, o gengibre, o alho e as sementes de coentro. Deixou de lado.
- Aqueça 4 colheres de sopa de óleo em uma panela. Adicione a cebola moída. Frite em fogo baixo até dourar. Adicione a pasta de cominho e gengibre. Frite por mais um minuto.

- Adicione a pimenta em pó, o açafrão e o purê de tomate. Misture bem. Continue fritando por 2-3 minutos.
- Adicione o sal e a água. Misture bem. Cubra com uma tampa e cozinhe em fogo baixo por 5-6 minutos, mexendo em intervalos regulares.
- Descubra e adicione os koftas. Cozinhe por mais 5 minutos.
- Decore com creme e folhas de coentro. Servir quente.

Repolho Kofta

(bolinhos de repolho ao molho)

Para 4 pessoas

Ingredientes

Para o kafta:

100g/3½ onças de repolho picado

4 batatas grandes, cozidas

1 colher de chá de sementes de cominho

1 colher de chá de pasta de gengibre

2 pimentões verdes picados finamente

1 colher de chá de suco de limão

Sal a gosto

Óleo vegetal refinado para fritar

Para o molho:

1 colher de sopa de manteiga

3 cebolas pequenas, finamente picadas

4 dentes de alho

4-6 tomates picados finamente

¼ colher de chá de açafrão

1 colher de chá de pimenta em pó

1 colher de chá de açúcar

250ml/8fl oz de água

Sal a gosto

1 colher de sopa de folhas de coentro picadas finamente

Método

- Amasse todos os ingredientes do kofta, exceto o óleo, para formar uma massa macia. Divida a massa em bolas do tamanho de nozes.
- Aqueça o óleo em uma panela. Frite as bolinhas em fogo médio até dourar. Escorra e reserve.
- Para preparar o molho, aqueça a manteiga em uma panela. Adicione a cebola e o alho. Frite-os em fogo médio até dourar.
- Adicione o tomate, a cúrcuma e a pimenta em pó. Refogue a mistura por 4-5 minutos.
- Adicione açúcar, água e sal. Misture bem. Cubra com uma tampa e cozinhe por 6-7 minutos.
- Adicione as bolinhas de kofta fritas. Cozinhe por 5-6 minutos.
- Decore o repolho kofta com folhas de coentro. Servir quente.

Koottu

(curry de banana verde)

Para 4 pessoas

Ingredientes

2 colheres de sopa de coco ralado fresco

½ colher de chá de sementes de cominho

2 pimentões verdes

1 colher de sopa de arroz de grão longo, demolhado por 15 minutos

500ml/16fl oz de água

200g/7oz de banana verde, descascada e cortada em cubos

Sal a gosto

2 colheres de chá de óleo de coco

½ colher de chá de sementes de mostarda

½ colher de chá de urad dhal*

Pitada de assa-fétida

8 a 10 folhas de curry

Método

- Moa o coco, as sementes de cominho, a pimenta verde e o arroz com 4 colheres de sopa de água para formar uma pasta lisa. Deixou de lado.
- Misture a banana com o restante da água e do sal. Cozinhe esta mistura em uma panela em fogo médio por 10-12 minutos.
- Adicione o coco e a pasta de sementes de cominho. Cozinhe por 2-3 minutos. Deixou de lado.
- Aqueça o óleo em uma panela. Adicione sementes de mostarda, urad dhal, assa-fétida e folhas de curry. Deixe-os chiar por 30 segundos.
- Despeje esta mistura no curry de banana. Misture bem. Servir quente.

OBSERVAÇÃO:*Você também pode substituir a banana verde por cabaça de freixo branco ou cabaça de cobra.*

Paneer Manteiga Masala

Para 4 pessoas

Ingredientes

Óleo vegetal refinado para fritar

500g / 1 lb 2 onças de paneer*, Picado

1 cenoura grande, picada finamente

100g/3½ onças de feijão francês, picado finamente

200g/7oz de ervilhas congeladas

3 pimentas verdes, moídas

Sal a gosto

1 colher de sopa de folhas de coentro picadas finamente

Para o molho:

2,5 cm/1 polegada de raiz de gengibre

4 dentes de alho

4 pimentões verdes

1 colher de chá de sementes de cominho

3 colheres de sopa de manteiga

2 cebolas pequenas raladas

4 tomates em purê

1 colher de chá de farinha de milho

300g/10 onças de iogurte

2 colheres de chá de açúcar

½ colher de chá de garam masala

250ml/8fl oz de água

Sal a gosto

Método

- Aqueça o óleo em uma panela. Adicione os pedaços de paneer. Frite-os em fogo médio até dourar. Escorra-os e reserve.
- Misture a cenoura, o feijão verde e as ervilhas. Cozinhe esta mistura em uma panela a vapor em fogo médio por 8 a 10 minutos.
- Adicione pimenta verde e sal. Misture bem. Deixou de lado.
- Para preparar o molho, triture o gengibre, o alho, a pimenta verde e as sementes de cominho até formar uma pasta lisa.
- Aqueça a manteiga em uma panela. Adicione as cebolas. Frite-os em fogo médio até ficarem translúcidos.
- Adicione a pasta de gengibre e alho e os tomates. Frite por mais um minuto.
- Adicione o amido de milho, o iogurte, o açúcar, o garam masala, a água e o sal. Mexa a mistura por 4-5 minutos.

- Adicione a mistura de vegetais cozidos no vapor e o paneer frito. Misture bem. Cubra com uma tampa e cozinhe a mistura em fogo baixo por 2-3 minutos.

- Decore o paneer masala de manteiga com folhas de coentro. Servir quente.

Mor Kolambu

(vegetais mistos ao estilo do sul da Índia)

Para 4 pessoas

Ingredientes

2 colheres de chá de óleo de coco

2 berinjelas médias, cortadas em cubos

2 coxinhas indianas*, Picado

100g/3½ onças de abóbora*, cortada em cubos

100g/3½ onças de quiabo

Sal a gosto

200g/7 onças de iogurte

250ml/8fl oz de água

10 folhas de curry

Para a mistura de especiarias:

2 colheres de sopa de mung dhal*, encharcado por 10 minutos

1 colher de sopa de sementes de coentro

½ colher de chá de sementes de cominho

4-5 sementes de feno-grego

½ colher de chá de sementes de mostarda

½ colher de chá de arroz basmati

2 colheres de chá de coco ralado fresco

Método

- Misture todos os ingredientes para a mistura de especiarias. Deixou de lado.
- Aqueça o óleo de coco em uma panela. Adicione a berinjela, as coxinhas, a abóbora, o quiabo e o sal. Frite esta mistura em fogo médio por 4-5 minutos.
- Adicione a mistura de especiarias. Refogue por 4-5 minutos.
- Adicione o iogurte e a água. Misture bem. Cubra com uma tampa e cozinhe por 7-8 minutos.
- Decore o mor kolambu com as folhas de curry. Servir quente.

Aloo Gobhi aur Methi ka Tuk

(Batata estilo Sindi, couve-flor e feno-grego)

Para 4 pessoas

Ingredientes

500ml/16fl oz de água

Sal a gosto

4 batatas grandes sem casca, cortadas em pedaços de 5 cm

20 g/¾oz de folhas frescas de feno-grego

3 colheres de sopa de óleo vegetal refinado

1 colher de sopa de sementes de mostarda

2-4 folhas de curry

1 colher de sopa de pasta de gengibre

1 colher de chá de pasta de alho

800g/1¾lb de florzinhas de couve-flor

1 colher de chá de pimenta em pó

1 colher de chá de amchoor*

½ colher de chá de cominho em pó

½ colher de chá de pimenta preta moída grosseiramente

Grande pitada de folhas secas de feno-grego

2 colheres de sopa de sementes de romã fresca

Método

- Coloque a água em uma panela, adicione sal e deixe ferver.
- Adicione as batatas e cozinhe até ficarem macias. Escorra as batatas e reserve.
- Esfregue folhas frescas de feno-grego com sal para reduzir o amargor. Lave e escorra as folhas. Deixou de lado.
- Aqueça o óleo em uma panela. Adicione sementes de mostarda e folhas de curry. Deixe-os chiar por 15 segundos.
- Adicione a pasta de gengibre e a pasta de alho. Frite a mistura em fogo médio por um minuto.
- Adicione florzinhas de couve-flor, pimenta em pó, amchoor, cominho em pó, pimenta e folhas secas de feno-grego. Continue fritando por 3-4 minutos.
- Adicione as batatas e as folhas frescas de feno-grego. Refogue a mistura em fogo baixo por 7-8 minutos.
- Decore com sementes de romã. Servir quente.

Avial

(vegetais mistos do sul da Índia)

Para 4 pessoas

Ingredientes

400g/14 onças de iogurte natural

1 colher de chá de sementes de cominho

100g/3½ onças de coco ralado fresco

Sal a gosto

4 colheres de chá de folhas de coentro, picadas finamente

750ml / 1¼ litro de água

100g/3½ onças de abóbora*, picada

200g/7oz de vegetais mistos congelados

¼ colher de chá de açafrão

4 pimentões verdes, cortados longitudinalmente

120ml/4fl oz de óleo vegetal refinado

¼ colher de chá de sementes de mostarda

10 folhas de curry

Pitada de assa-fétida

2 pimentas vermelhas secas

Método

- Bata o iogurte com as sementes de cominho, o coco, o sal, as folhas de coentro e 250 ml de água. Deixou de lado.
- Misture a abóbora e os vegetais misturados com o sal, 500ml de água e açafrão em uma panela funda. Cozinhe esta mistura em fogo médio por 10-15 minutos. Deixou de lado.
- Adicione a mistura de iogurte e pimenta verde e cozinhe por 10 minutos, mexendo sempre. Deixou de lado.
- Aqueça o óleo em uma panela. Adicione os ingredientes restantes. Deixe-os chiar por 30 segundos.
- Despeje isso na mistura de vegetais. Misture bem. Cozinhe por 1-2 minutos.
- Servir quente.

Caril de leitelho

Para 4 pessoas

Ingredientes

400g de iogurte

250ml/8fl oz de água

3 colheres de chá de besan*

2 pimentões verdes, cortados longitudinalmente

10 folhas de curry

Sal a gosto

1 colher de sopa de ghee

½ colher de chá de sementes de cominho

6 dentes de alho esmagados

2 dentes

2 pimentões vermelhos

Pitada de assa-fétida

½ colher de chá de açafrão

1 colher de chá de pimenta em pó

2 colheres de sopa de folhas de coentro picadas finamente

Método

- Misture bem o iogurte, a água e o besan em uma panela. Certifique-se de que não se formem grumos.
- Adicione pimenta verde, folhas de curry e sal. Cozinhe esta mistura em fogo baixo por 5-6 minutos, mexendo ocasionalmente. Deixou de lado.
- Aqueça o ghee em uma panela. Adicione as sementes de cominho e o alho. Frite-os em fogo médio por um minuto.
- Adicione o cravo, a pimenta vermelha, a assa-fétida, a cúrcuma e a pimenta em pó. Misture bem. Frite esta mistura por 1 minuto.
- Despeje isso no curry de iogurte. Cozinhe por 4-5 minutos.
- Decore o curry com folhas de coentro. Servir quente.

Creme de couve-flor ao curry

Para 4 pessoas

Ingredientes

1 colher de chá de sementes de cominho

3 pimentões verdes, cortados longitudinalmente

1 cm/½ polegada de raiz de gengibre ralado

150g/5½ onças de ghee

500g / 1lb 2 onças de florzinhas de couve-flor

3 batatas grandes cortadas em cubos

2 tomates picados finamente

125g/4½ onças de ervilhas congeladas

2 colheres de chá de açúcar

750ml / 1¼ litro de água

Sal a gosto

250ml / 8fl oz de creme de leite

1 colher de chá de garam masala

25g / escassas 1 onça de folhas de coentro, picadas finamente

Método

- Moa sementes de cominho, pimenta verde e gengibre até formar uma pasta. Deixou de lado.
- Aqueça o ghee em uma panela. Adicione a couve-flor e as batatas. Frite-os em fogo médio até dourar.
- Adicione o cominho e a pasta de pimenta. Frite por 2-3 minutos.
- Adicione os tomates e as ervilhas. Misture bem. Frite esta mistura por 3-4 minutos.
- Adicione açúcar, água, sal e creme. Mexa bem. Cubra com uma tampa e cozinhe por 10-12 minutos.
- Polvilhe o garam masala e as folhas de coentro sobre o curry. Servir quente.

Ervilha Usal

(Ervilhas Masala)

Para 3 porções

Ingredientes

1 colher de sopa de óleo vegetal refinado

¼ colher de chá de sementes de mostarda

¼ colher de chá de sementes de cominho

¼ colher de chá de pimenta em pó

¼ colher de chá de garam masala

2 pimentões verdes, cortados longitudinalmente

500g / 1lb 2 onças de ervilhas frescas

2 colheres de sopa de água

Sal a gosto

1 colher de sopa de coco ralado fresco

10g/¼oz de folhas de coentro, picadas finamente

Método

- Aqueça o óleo em uma panela. Adicione sementes de mostarda e sementes de cominho. Deixe-os chiar por 15 segundos.
- Adicione a pimenta em pó, o garam masala e a pimenta verde. Frite a mistura em fogo médio por um minuto.
- Adicione as ervilhas, a água e o sal. Misture bem. Cozinhe a mistura em fogo baixo por 7-8 minutos.
- Decore com folhas de coco e coentro. Servir quente.

Aloo Posto

(Batata com Sementes de Papoula)

Para 4 pessoas

Ingredientes

2 colheres de sopa de óleo de mostarda

1 colher de chá de sementes de cominho

4 colheres de sopa de sementes de papoula, moídas

4 pimentões verdes picados

½ colher de chá de açafrão

Sal a gosto

6 batatas cozidas e cortadas em cubos

2 colheres de sopa de folhas de coentro picadas finamente

Método

- Aqueça o óleo em uma panela. Adicione as sementes de cominho. Deixe-os chiar por 15 segundos.
- Adicione sementes de papoula moídas, pimenta verde, açafrão e sal. Refogue a mistura por alguns segundos.
- Adicione as batatas. Misture bem. Frite a mistura por 3-4 minutos.
- Decore com folhas de coentro. Servir quente.

Palak Paneer

(Paneer com molho de espinafre)

Para 4 pessoas

Ingredientes

1 colher de sopa de óleo vegetal refinado

50g/1¾oz de paneer*, cortado em cubos

1 colher de chá de sementes de cominho

1 pimentão verde, cortado longitudinalmente

1 cebola pequena picada finamente

200g de espinafre, cozido no vapor e moído

1 colher de chá de suco de limão

Açúcar a gosto

Sal a gosto

Método

- Aqueça o óleo em uma panela. Adicione o paneer e frite até dourar. Escorra e reserve.
- Ao mesmo óleo, adicione sementes de cominho, pimenta verde e cebola. Frite em fogo médio até a cebola dourar.
- Adicione os ingredientes restantes. Mexa bem a mistura. Cozinhe por 5 minutos.
- Deixe essa mistura esfriar um pouco. Triture até formar uma pasta grossa em um processador de alimentos.
- Transfira para uma panela e adicione os pedaços de paneer fritos. Mexa levemente. Cozinhe por 3-4 minutos. Servir quente.

Matar Paneer

(Ervilhas e paneer)

Para 4 pessoas

Ingredientes

1½ colheres de sopa de ghee

Paneer 250g/9oz*, Picado

2 folhas de louro

½ colher de chá de pimenta em pó

¼ colher de chá de açafrão

1 colher de chá de coentro moído

½ colher de chá de cominho em pó

400g/14 onças de ervilhas cozidas

2 tomates grandes, escaldados

5 castanhas de caju moídas até formar uma pasta

2 colheres de sopa de iogurte grego

Sal a gosto

Método

- Aqueça metade do ghee em uma panela. Adicione os pedaços de paneer e frite em fogo médio até dourar. Deixou de lado.
- Aqueça o ghee restante em uma panela. Adicione as folhas de louro, a pimenta em pó, a cúrcuma, os coentros e os cominhos. Deixe-os chiar por 30 segundos.
- Adicione as ervilhas e os tomates. Frite por 2-3 minutos.
- Adicione a pasta de caju, o iogurte, o sal e os pedaços de paneer fritos. Misture bem. Cozinhe a mistura por 10 minutos, mexendo ocasionalmente. Servir quente.

Dahi Karela

(Cabaça Amarga Frita em Iogurte)

Para 4 pessoas

Ingredientes

250g/9oz de cabaça amarga*, descascado e cortado longitudinalmente

Sal a gosto

1 colher de chá de amchoor*

2 colheres de sopa de óleo vegetal refinado mais extra para fritar

2 cebolas grandes, finamente picadas

½ colher de chá de pasta de alho

½ colher de chá de pasta de gengibre

400g de iogurte

1½ colher de chá de coentro moído

1 colher de chá de pimenta em pó

½ colher de chá de açafrão

½ colher de chá de garam masala

250ml/8fl oz de água

Método

- Marinar a cabaça amarga com sal e deixar descansar por uma hora. Aqueça o óleo para fritar em uma panela. Adicione a abóbora. Frite em fogo médio até dourar. Escorra e reserve.
- Aqueça 2 colheres de sopa de óleo em uma panela. Adicione a cebola, a pasta de alho e a pasta de gengibre. Frite em fogo médio até as cebolas dourarem.
- Adicione os ingredientes restantes e a cabaça amarga. Misture bem. Cozinhe a mistura em fogo baixo por 7-8 minutos. Servir quente.

Caril de Tomate com Legumes

Para 4 pessoas

Ingredientes

3 colheres de sopa de óleo vegetal refinado

Pitada de sementes de mostarda

Pitada de cominho

Pitada de assa-fétida

8 folhas de curry

4 pimentões verdes picados finamente

200g/7oz de vegetais mistos congelados

750g / 1lb 10 onças de tomate, purê

4 colheres de sopa de besan*

Sal a gosto

Método

- Aqueça o óleo em uma panela. Adicione sementes de mostarda, cominho, assa-fétida, folhas de curry e pimenta. Deixe-os chiar por 15 segundos.
- Adicione os legumes, o purê de tomate, o besan e o sal. Misture bem. Cozinhe por 8 a 10 minutos, mexendo ocasionalmente. Servir quente.

Doodhi com Chana Dhal

(Cabaça de garrafa em Gram Dhal)

Para 4 pessoas

Ingredientes

1 colher de chá de óleo vegetal refinado

¼ colher de chá de sementes de mostarda

Cabaça de garrafa de 500g / 1lb 2 onças*, cortado em cubos

1 colher de sopa de chana dhal*, embebido por 1 hora e escorrido

2 tomates picados finamente

pitada de cúrcuma

2 colheres de chá de açúcar mascavo*, Grato

½ colher de chá de pimenta em pó

Sal a gosto

120ml de água

10g/¼oz de folhas de coentro, picadas finamente

Método

- Aqueça o óleo em uma panela. Adicione as sementes de mostarda. Deixe-os chiar por 15 segundos.
- Adicione o restante dos ingredientes, exceto a água e as folhas de coentro. Misture bem. Frite por 4-5 minutos. Adicione a água. Cozinhe por 30 minutos.
- Decore com folhas de coentro. Servir quente.

Tomate chi Bhaji*

(caril de tomate)

Para 4 pessoas

Ingredientes

250g/9oz de amendoim torrado

3 pimentões verdes

6 tomates grandes, escaldados e fatiados

1½ colher de sopa de pasta de tamarindo

1 colher de sopa de açúcar mascavo*, Grato

1 colher de chá de garam masala

1 colher de chá de cominho em pó

½ colher de chá de pimenta em pó

Sal a gosto

1 colher de sopa de folhas de coentro picadas finamente

Método

- Moa o amendoim e a pimenta verde para formar uma pasta lisa.
- Misture com o restante dos ingredientes, exceto as folhas de coentro. Cozinhe esta mistura em uma panela em fogo médio por 5-6 minutos.
- Decore o bhaji com folhas de coentro. Servir quente.

Batatas Secas

Para 4 pessoas

Ingredientes

1 colher de sopa de óleo vegetal refinado

½ colher de chá de sementes de mostarda

3 pimentões verdes, cortados longitudinalmente

8 a 10 folhas de curry

¼ colher de chá de assa-fétida

¼ colher de chá de açafrão

Sal a gosto

500g/1lb 2oz de batatas, cozidas e cortadas em cubos

10g/¼oz de folhas de coentro, picadas finamente

Método

- Aqueça o óleo em uma panela. Adicione as sementes de mostarda. Deixe-os chiar por 15 segundos.
- Adicione pimenta verde, folhas de curry, assa-fétida, açafrão e sal. Frite esta mistura em fogo médio por um minuto.

- Adicione as batatas. Misture bem. Cubra com uma tampa e cozinhe por 5 minutos.
- Decore a mistura de batata com folhas de coentro. Servir quente.

Quiabo Recheado

Para 4 pessoas

Ingredientes

1 colher de sopa de coentro moído

6 dentes de alho

50g/1¾oz de coco fresco, ralado finamente

1 cm/½ polegada de raiz de gengibre

4 pimentões verdes

6 colheres de sopa de besan*

1 cebola grande, finamente picada

1 colher de chá de cominho em pó

½ colher de chá de pimenta em pó

½ colher de chá de açafrão

Sal a gosto

750g / 1lb 10 onças de quiabo grande, dividido pela metade

60ml/2fl oz de óleo vegetal refinado

Método

- Moa o coentro, o alho, o coco, o gengibre e a pimenta verde até obter uma pasta lisa. Misture esta pasta com os demais ingredientes, exceto o quiabo e o óleo.
- Recheie os quiabos com esta mistura.
- Aqueça o óleo em uma frigideira. Adicione o quiabo recheado. Frite em fogo médio até dourar, virando de vez em quando. Servir quente.

Masala Quiabo

Para 4 pessoas

Ingredientes

2 colheres de sopa de óleo vegetal refinado

2 dentes de alho picados finamente

½ colher de chá de pimenta em pó

¼ colher de chá de açafrão

½ colher de chá de coentro moído

½ colher de chá de cominho em pó

600g / 1lb 5 onças de quiabo picado

Sal a gosto

Método

- Aqueça o óleo em uma panela. Adicione o alho. Frite em fogo médio até dourar. Adicione os ingredientes restantes, exceto o quiabo e o sal. Misture bem. Frite esta mistura por 1-2 minutos.
- Adicione quiabo e sal. Refogue a mistura em fogo baixo por 3-4 minutos. Servir quente.

Simla Matar

(Pimentão Verde e Curry de Ervilha)

Para 4 pessoas

Ingredientes

2 colheres de sopa de óleo vegetal refinado

3 cebolas pequenas, finamente picadas

2 pimentões verdes picados finamente

1 colher de chá de pasta de gengibre

1 colher de chá de pasta de alho

2 pimentões verdes grandes, cortados em cubos

600g / 1lb 5 onças de ervilhas congeladas

250ml/8fl oz de água

Sal a gosto

1 colher de sopa de coco ralado fresco

½ colher de chá de canela em pó

Método

- Aqueça o óleo em uma panela. Adicione as cebolas. Frite-os em fogo médio até dourar.
- Adicione pimenta verde, pasta de gengibre e pasta de alho. Frite por 1-2 minutos.
- Adicione os pimentões e as ervilhas. Continue fritando por 5 minutos.
- Adicione a água e o sal. Misture bem. Cubra com uma tampa e cozinhe por 8 a 10 minutos.
- Decore com coco e canela. Servir quente.

Vagens

Para 4 pessoas

Ingredientes

3 colheres de sopa de óleo vegetal refinado

¼ colher de chá de sementes de cominho

¼ colher de chá de açafrão

½ colher de chá de pimenta em pó

1 colher de chá de coentro moído

1 colher de chá de cominho em pó

1 colher de chá de açúcar

Sal a gosto

500g / 1lb 2 onças de feijão francês, picado finamente

120ml de água

Método

- Aqueça o óleo em uma panela. Adicione sementes de cominho e açafrão. Deixe-os chiar por 15 segundos.
- Adicione os ingredientes restantes, exceto a água. Misture bem.
- Adicione a água. Cubra com uma tampa. Cozinhe por 10-12 minutos. Servir quente.

Baquetas Masala

Para 4 pessoas

Ingredientes

2 colheres de sopa de óleo vegetal refinado

2 cebolas pequenas, finamente picadas

½ colher de chá de pasta de gengibre

1 tomate picado

1 pimentão verde picado finamente

1 colher de chá de cominho em pó

1 colher de chá de coentro moído

½ colher de chá de açafrão

¾ colher de chá de pimenta em pó

4 coxinhas indianas*, cortado em pedaços de 5 cm/2 pol.

Sal a gosto

250ml/8fl oz de água

1 colher de sopa de folhas de coentro picadas finamente

Método

- Aqueça o óleo em uma panela. Adicione a cebola e a pasta de gengibre. Frite-os em fogo médio até que as cebolas fiquem translúcidas.
- Adicione o restante dos ingredientes, exceto a água e as folhas de coentro. Misture bem. Frite por 5 minutos. Adicione a água. Mexa bem. Cubra com uma tampa. Cozinhe por 10-15 minutos.
- Decore as coxinhas de masala com as folhas de coentro. Servir quente.

Batata Picante Seca

Para 4 pessoas

Ingredientes

750 g / 1 lb 10 onças de batatas, cozidas e cortadas em cubos

½ colher de chá de chaat masala*

½ colher de chá de pimenta em pó

¼ colher de chá de açafrão

3 colheres de sopa de óleo vegetal refinado

1 colher de chá de sementes de gergelim branco

2 pimentões vermelhos secos, cortados em quartos

Sal a gosto

½ colher de chá de cominho em pó, torrado a seco

10g/¼oz de folhas de coentro, picadas finamente

Suco de ½ limão

Método

- Misture as batatas com o chaat masala, a pimenta em pó e o açafrão até que os temperos cubram as batatas. Deixou de lado.
- Aqueça o óleo em uma panela. Adicione sementes de gergelim e pimenta vermelha. Deixe-os chiar por 15 segundos.
- Adicione as batatas e o sal. Misture bem. Cozinhe por 7-8 minutos. Polvilhe o restante dos ingredientes por cima. Servir quente.

Khatte Palak

(Espinafre picante)

Para 4 pessoas

Ingredientes

3 colheres de sopa de óleo vegetal refinado

1 cebola grande ralada

½ colher de chá de pasta de gengibre

½ colher de chá de pasta de alho

400g/14 onças de espinafre picado

2 pimentões verdes picados finamente

½ colher de chá de açafrão

1 colher de chá de cominho em pó

Sal a gosto

125g/4½ onças de iogurte, batido

Método

- Aqueça o óleo em uma panela. Adicione a cebola, a pasta de gengibre e a pasta de alho. Frite esta mistura em fogo médio até que a cebola fique transparente.
- Adicione o restante dos ingredientes, exceto o iogurte. Misture bem. Cozinhe por 7-8 minutos.
- Adicione o iogurte. Misture bem. Cozinhe por 4-5 minutos. Servir quente.

Legumes Mistos Três em Um

Para 4 pessoas

Ingredientes

4 colheres de sopa de óleo vegetal refinado

¼ colher de chá de sementes de mostarda

¼ colher de chá de sementes de feno-grego

300g/10oz de quiabo cortado em cubos

2 pimentões verdes, sem caroço e picados

2 tomates picados finamente

2 pepinos grandes, picados finamente

½ colher de chá de pimenta em pó

¼ colher de chá de açafrão

Sal a gosto

Método

- Aqueça o óleo em uma panela. Adicione sementes de mostarda e feno-grego. Deixe-os chiar por 15 segundos.
- Adicione o quiabo. Frite em fogo médio por 7 minutos. Adicione os ingredientes restantes. Misture bem. Cozinhe por 5-6 minutos. Servir quente.

Batata ao molho de iogurte

Para 4 pessoas

Ingredientes

120ml de água

3 colheres de sopa de óleo vegetal refinado

1 colher de chá de sementes de cominho

1 colher de chá de sementes de mostarda

1 cm/½ polegada de raiz de gengibre ralado

2 dentes de alho esmagados

3 batatas grandes cozidas e picadas

200g/7oz de iogurte batido

¼ colher de chá de farinha de trigo integral

1 colher de chá de sal

Para a mistura de especiarias:

1 colher de chá de pimenta em pó

½ colher de chá de coentro moído

¼ colher de chá de açafrão

¼ colher de chá de garam masala

Pitada de assa-fétida

Método

- Misture os ingredientes da mistura de especiarias com metade da água. Deixou de lado.
- Aqueça o óleo em uma panela. Adicione as sementes de cominho e mostarda. Deixe-os chiar por 15 segundos. Adicione o gengibre e o alho. Frite-os em fogo médio por um minuto.
- Adicione a mistura de especiarias e todos os ingredientes restantes. Mexa bem. Cozinhe por 10-12 minutos. Servir quente.

Kele ki Bhaji

(curry de banana verde)

Para 4 pessoas

Ingredientes

6 bananas verdes, descascadas e cortadas em pedaços de 2,5 cm de espessura

Sal a gosto

3 colheres de sopa de óleo vegetal refinado

1 cebola grande em fatias finas

2 dentes de alho esmagados

2-3 pimentões verdes, cortados longitudinalmente

1 cm/½ polegada de raiz de gengibre

1 colher de chá de açafrão

½ colher de chá de sementes de cominho

½ coco fresco ralado

Método

- Mergulhe as bananas em água fria e sal por uma hora. Escorra e reserve.

- Aqueça o óleo em uma panela. Adicione a cebola, o alho, a pimenta verde e o gengibre. Frite em fogo médio até a cebola dourar.

- Adicione as bananas e a cúrcuma, o cominho e o sal. Misture bem. Cubra com uma tampa e cozinhe por 5-6 minutos.

- Adicione o coco, misture levemente e cozinhe por 2-3 minutos. Servir quente.

Coco Kathal

(Jaca verde com coco)

Para 4 pessoas

Ingredientes

500g / 1lb 2 onças de jaca verde*, descascado e picado

500ml/16fl oz de água

Sal a gosto

100ml / 3½fl oz de óleo de mostarda

2 folhas de louro

1 colher de chá de sementes de cominho

1 colher de chá de pasta de gengibre

250ml/8fl oz de leite de coco

Açúcar a gosto

Para o tempero:

75g / 2½ onças de ghee

1cm de canela

4 vagens de cardamomo verde

1 colher de chá de pimenta em pó

2 pimentões verdes, cortados longitudinalmente

Método

- Misture os pedaços de jaca com a água e o sal. Cozinhe esta mistura em uma panela em fogo médio por 30 minutos. Escorra e reserve.

- Aqueça o óleo de mostarda em uma panela. Adicione as folhas de louro e as sementes de cominho. Deixe-os chiar por 15 segundos.

- Adicione a pasta de jaca e gengibre, o leite de coco e o açúcar. Cozinhe por 3-4 minutos, mexendo continuamente. Deixou de lado.

- Aqueça o ghee em uma panela. Adicione os ingredientes do tempero. Frite por 30 segundos.

- Despeje esta mistura sobre a mistura de jaca. Servir quente.

Fatias de inhame picante

Para 4 pessoas

Ingredientes

500g / 1 lb 2 onças de inhame

1 cebola média

1 colher de chá de pasta de gengibre

1 colher de chá de pasta de alho

1 colher de chá de pimenta em pó

1 colher de chá de coentro moído

4 dentes

1cm de canela

4 vagens de cardamomo verde

½ colher de chá de pimenta

50g/1¾oz de folhas de coentro

50g/1¾oz de folhas de hortelã

Sal a gosto

Óleo vegetal refinado para fritar

Método

- Descasque os inhames e corte-os em rodelas de 1cm de espessura. Cozinhe no vapor por 5 minutos. Deixou de lado.

- Moa o restante dos ingredientes, exceto o óleo, até obter uma pasta lisa.

- Aplique a pasta em ambos os lados das fatias de inhame.

- Aqueça o azeite em uma frigideira antiaderente. Adicione as fatias de inhame. Frite dos dois lados até ficar crocante, adicionando um pouco de óleo nas bordas. Servir quente.

inhame masala

Para 4 pessoas

Ingredientes

400g/14 onças de inhame, descascado e cortado em cubos

750ml / 1¼ litro de água

Sal a gosto

3 colheres de sopa de óleo vegetal refinado

¼ sementes de mostarda

2 pimentões vermelhos inteiros, picados

¼ colher de chá de açafrão

¼ colher de chá de cominho em pó

1 colher de chá de coentro moído

3 colheres de sopa de amendoim, triturado grosseiramente

Método

- Ferva o inhame com água e sal em uma panela por 30 minutos. Escorra e reserve.

- Aqueça o óleo em uma panela. Adicione as sementes de mostarda e os pedaços de pimenta vermelha. Deixe-os chiar por 15 segundos.

- Adicione os ingredientes restantes e o inhame cozido. Misture bem. Cozinhe por 7-8 minutos. Servir quente

Beterraba Masala

Para 4 pessoas

Ingredientes

2 colheres de sopa de óleo vegetal refinado

3 cebolas pequenas, finamente picadas

½ colher de chá de pasta de gengibre

½ colher de chá de pasta de alho

3 pimentões verdes, cortados longitudinalmente

3 beterrabas descascadas e picadas

¼ colher de chá de açafrão

1 colher de chá de coentro moído

¼ colher de chá de garam masala

Sal a gosto

125g/4½ onças de purê de tomate

1 colher de sopa de folhas de coentro picadas

Método

- Aqueça o óleo em uma panela. Adicione as cebolas. Frite-os em fogo médio até ficarem translúcidos.

- Adicione a pasta de gengibre, a pasta de alho e a pimenta verde. Refogue em fogo baixo por 2-3 minutos.

- Adicione a beterraba, o açafrão, o coentro moído, o garam masala, o sal e o purê de tomate. Misture bem. Cozinhe por 7-8 minutos. Decore com folhas de coentro. Servir quente.

Brotos de Feijão Masala

Para 4 pessoas

Ingredientes

2 colheres de sopa de óleo vegetal refinado

3 cebolas pequenas, finamente picadas

4 pimentões verdes picados finamente

1 cm/½ polegada de raiz de gengibre, cortada em tiras juliana

8 dentes de alho esmagados

¼ colher de chá de açafrão

1 colher de chá de coentro moído

2 tomates picados finamente

200g/7oz de feijão mungo germinado, cozido no vapor

Sal a gosto

1 colher de sopa de folhas de coentro picadas

Método

- Aqueça o óleo em uma panela. Adicione a cebola, a pimenta verde, o gengibre e o alho. Frite a mistura em fogo médio até a cebola dourar.

- Adicione os restantes ingredientes, exceto as folhas de coentro. Misture bem. Cozinhe a mistura em fogo baixo por 8 a 10 minutos, mexendo ocasionalmente.

- Decore com folhas de coentro. Servir quente.

Mirch Masala

(Pimentão verde picante)

Para 4 pessoas

Ingredientes

100g/3½ onças de espinafre picado

10 g/¼ onça de folhas de feno-grego, picadas finamente

25g / escassas 1 onça de folhas de coentro, picadas finamente

3 pimentões verdes, cortados longitudinalmente

60ml/2fl oz de água

3½ colheres de sopa de óleo vegetal refinado

2 colheres de sopa de besan*

1 batata grande cozida e amassada

¼ colher de chá de açafrão

2 colheres de chá de coentro moído

½ colher de chá de pimenta em pó

Sal a gosto

8 pimentões verdes pequenos, sem caroço e sem sementes

1 cebola grande, finamente picada

2 tomates picados finamente

Método

- Misture o espinafre, o feno-grego, as folhas de coentro e a pimenta malagueta com a água. Cozinhe a mistura no vapor por 15 minutos. Escorra e triture esta mistura até obter uma pasta.

- Aqueça metade do azeite em uma panela. Adicione o besan, a batata, a cúrcuma, o coentro moído, a pimenta em pó, o sal e a pasta de espinafre. Misture bem. Frite esta mistura em fogo médio por 3-4 minutos. Retire do fogo.

- Preencha esta mistura com os pimentões verdes.

- Aqueça ½ colher de sopa de óleo em uma frigideira. Adicione os pimentões recheados. Frite em fogo médio por 7-8 minutos, virando de vez em quando. Deixou de lado.

- Aqueça o óleo restante em uma panela. Adicione a cebola. Frite em fogo médio até dourar. Adicione os tomates e os pimentões recheados fritos. Misture bem. Cubra com uma tampa e cozinhe por 4-5 minutos. Servir quente.

Kadhi de tomate

(Tomate em molho de farinha de grama)

Para 4 pessoas

Ingredientes

2 colheres de sopa de besan*

120ml de água

3 colheres de sopa de óleo vegetal refinado

½ colher de chá de sementes de mostarda

½ colher de chá de sementes de feno-grego

½ colher de chá de sementes de cominho

2 pimentões verdes cortados longitudinalmente

8 folhas de curry

1 colher de chá de pimenta em pó

2 colheres de chá de açúcar

150g/5½ onças de vegetais mistos congelados

Sal a gosto

8 tomates escaldados e amassados

2 colheres de sopa de folhas de coentro picadas finamente

Método

- Misture o besan com a água para formar uma pasta lisa. Deixou de lado.

- Aqueça o óleo em uma panela. Adicione sementes de mostarda, feno-grego e cominho, pimenta verde, folhas de curry, pimenta em pó e açúcar. Deixe-os chiar por 30 segundos.

- Adicione os legumes e o sal. Frite a mistura em fogo médio por um minuto.

- Adicione o purê de tomate. Misture bem. Cozinhe a mistura em fogo baixo por 5 minutos.

- Adicione a pasta de besan. Cozinhe por mais 3-4 minutos.

- Decore o kadhi com folhas de coentro. Servir quente.

Kolhapuri Vegetal

(Vegetais Misto Picante)

Para 4 pessoas

Ingredientes

- 200g/7oz de vegetais mistos congelados
- 125g/4½ onças de ervilhas congeladas
- 500ml/16fl oz de água
- 2 pimentões vermelhos
- 2,5 cm/1 polegada de raiz de gengibre
- 8 dentes de alho
- 2 pimentões verdes
- 50g/1¾oz de folhas de coentro, picadas finamente
- 3 colheres de sopa de óleo vegetal refinado
- 3 cebolas pequenas, finamente picadas
- 3 tomates picados finamente
- ¼ colher de chá de açafrão
- ¼ colher de chá de coentro moído
- Sal a gosto

Método

- Misture os legumes e as ervilhas com a água. Cozinhe a mistura em uma panela em fogo médio por 10 minutos. Deixou de lado.

- Moa a pimenta vermelha, o gengibre, o alho, a pimenta verde e as folhas de coentro até formar uma pasta fina.

- Aqueça o óleo em uma frigideira. Adicione pimenta vermelha moída, pasta de gengibre e cebola. Frite a mistura em fogo médio por 2 minutos.

- Adicione o tomate, a cúrcuma, o coentro moído e o sal. Frite esta mistura por 2-3 minutos, mexendo ocasionalmente.

- Adicione os legumes cozidos. Misture bem. Cubra com uma tampa e cozinhe a mistura em fogo baixo por 5-6 minutos, mexendo em intervalos regulares.

- Servir quente.

Undhiyu

(Vegetais Mistos Gujarati com Bolinhos)

Para 4 pessoas

Ingredientes

2 batatas grandes, descascadas

250g/9oz de favas em suas vagens

1 banana verde, descascada

20 g/¾ onças de inhame, descascado

2 berinjelas pequenas

60g/2oz de coco ralado fresco

8 dentes de alho

2 pimentões verdes

2,5 cm/1 polegada de raiz de gengibre

100g/3½ onças de folhas de coentro, picadas finamente

Sal a gosto

60ml/2fl oz de óleo vegetal refinado mais extra para fritar

Pitada de assa-fétida

½ colher de chá de sementes de mostarda

250ml/8fl oz de água

Para os mútias:

60g/2 onças de besan*

25 g / 1 onça de folhas frescas de feno-grego, picadas finamente

½ colher de chá de pasta de gengibre

2 pimentões verdes picados finamente

Método

- Pique a batata, o feijão, a banana, o inhame e a berinjela. Deixou de lado.
- Moa o coco, o alho, a pimenta verde, o gengibre e as folhas de coentro até formar uma pasta. Misture esta pasta com os legumes picados e o sal. Deixou de lado.
- Misture todos os ingredientes da muthia. Sove a mistura até obter uma massa firme. Divida a massa em bolas do tamanho de nozes.
- Aqueça o óleo para fritar em uma frigideira. Adicione as mútias. Frite-os em fogo médio até dourar. Escorra e reserve.
- Aqueça o óleo restante em uma panela. Adicione assa-fétida e sementes de mostarda. Deixe-os chiar por 15 segundos.
- Adicione a água, as muthias e a mistura de vegetais. Misture bem. Cubra com uma tampa e cozinhe por 20 minutos, mexendo em intervalos regulares. Servir quente.

Caril Kofta De Banana

Para 4 pessoas

Ingredientes
Para os koftas:

2 bananas verdes, cozidas e descascadas

2 batatas grandes, cozidas e descascadas

3 pimentões verdes picados finamente

1 cebola grande, finamente picada

1 colher de sopa de folhas de coentro picadas finamente

1 colher de sopa de besan*

½ colher de chá de pimenta em pó

Sal a gosto

Ghee para fritar

Para o caril:

75g / 2½ onças de ghee

1 cebola grande, finamente picada

10 dentes de alho amassados

1 colher de sopa de coentro moído

1 colher de chá de garam masala

2 tomates picados finamente

3 folhas de curry

Sal a gosto

250ml/8fl oz de água

½ colher de sopa de folhas de coentro, picadas finamente

Método

- Amasse as bananas e as batatas.
- Misture com os ingredientes restantes do kofta, exceto o ghee. Sove esta mistura até obter uma massa firme. Divida a massa em bolas do tamanho de nozes para fazer os koftas.
- Aqueça o ghee para fritar em uma frigideira. Adicione os koftas. Frite-os em fogo médio até dourar. Escorra e reserve.
- Para o curry, aqueça o ghee em uma panela. Adicione a cebola e o alho. Frite em fogo médio até a cebola ficar transparente. Adicione o coentro moído e o garam masala. Frite por 2-3 minutos.
- Adicione os tomates, as folhas de curry, o sal e a água. Misture bem. Cozinhe a mistura por 15 minutos, mexendo ocasionalmente.
- Adicione os koftas fritos. Cubra com uma tampa e continue cozinhando por 2-3 minutos.
- Decore com folhas de coentro. Servir quente.

Cabaça Amarga com Cebola

Para 4 pessoas

Ingredientes

500 g / 1 lb e 2 onças de cabaças amargas*

Sal a gosto

750ml / 1¼ litro de água

4 colheres de sopa de óleo vegetal refinado

½ colher de chá de sementes de cominho

½ colher de chá de sementes de mostarda

Pitada de assa-fétida

½ colher de chá de pasta de gengibre

½ colher de chá de pasta de alho

2 cebolas grandes, finamente picadas

½ colher de chá de açafrão

1 colher de chá de pimenta em pó

1 colher de chá de cominho em pó

1 colher de chá de coentro moído

1 colher de chá de açúcar

Suco de 1 limão

1 colher de sopa de folhas de coentro picadas finamente

Método

- Descasque as cabaças amargas e corte-as em rodelas finas. Descarte as sementes.
- Cozinhe-os com sal e água em uma panela em fogo médio por 5-7 minutos. Retire do fogo, escorra e escorra a água, reserve.
- Aqueça o óleo em uma panela. Adicione as sementes de cominho e mostarda. Deixe-os chiar por 15 segundos.
- Adicione assa-fétida, pasta de gengibre e pasta de alho. Frite a mistura em fogo médio por um minuto.
- Adicione as cebolas. Frite-os por 2-3 minutos.
- Adicione açafrão, pimenta em pó, cominho em pó e coentro em pó. Misture bem.
- Adicione a cabaça amarga, o açúcar e o suco de limão. Misture bem. Cubra com uma tampa e cozinhe a mistura em fogo baixo por 6-7 minutos, mexendo em intervalos regulares.
- Decore com folhas de coentro. Servir quente.

Sukha Khatta Chana

(Grão de bico amargo seco)

Para 4 pessoas

Ingredientes

4 grãos de pimenta preta

2 dentes

2,5 cm/1 polegada de canela

½ colher de chá de sementes de coentro

½ colher de chá de sementes de cominho preto

½ colher de chá de sementes de cominho

500g/1lb 2oz de grão de bico, demolhado durante a noite

Sal a gosto

1 litro / 1¾ litros de água

1 colher de sopa de sementes de romã secas

Sal a gosto

1 cm/½ polegada de raiz de gengibre, finamente picado

1 pimenta verde picada

2 colheres de chá de pasta de tamarindo

2 colheres de sopa de ghee

1 batata pequena, cortada em cubos

1 tomate picado

Método

- Para a mistura de especiarias, triture os grãos de pimenta, o cravo, a canela, os coentros, as sementes de cominho preto e as sementes de cominho até formar um pó fino. Deixou de lado.
- Misture o grão de bico com o sal e a água. Cozinhe esta mistura em uma panela em fogo médio por 45 minutos. Deixou de lado.
- Asse as sementes de romã a seco em uma frigideira em fogo médio por 2-3 minutos. Retire do fogo e triture até obter um pó. Misture com o sal e toste a mistura novamente por 5 minutos. Transfira para uma panela.
- Adicione o gengibre, a pimenta verde e a pasta de tamarindo. Cozinhe esta mistura em fogo médio por 4-5 minutos. Adicione a mistura de especiarias moídas. Misture bem e reserve.
- Aqueça o ghee em outra panela. Adicione as batatas. Frite-os em fogo médio até dourar.
- Adicione as batatas fritas ao grão de bico cozido. Adicione também a mistura de tamarindo e especiarias moídas.
- Misture bem e cozinhe em fogo baixo por 5-6 minutos.

Bharwan Karela

(Cabaça Amarga Recheada)

Para 4 pessoas

Ingredientes

500g / 1lb 2 onças de cabaças amargas pequenas*

Sal a gosto

1 colher de chá de açafrão

Óleo vegetal refinado para fritar

Para o recheio:

5-6 pimentões verdes

2,5 cm/1 polegada de raiz de gengibre

12 dentes de alho

3 cebolas pequenas

1 colher de sopa de óleo vegetal refinado

4 batatas grandes cozidas e amassadas

½ colher de chá de açafrão

½ colher de chá de pimenta em pó

1 colher de chá de cominho em pó

1 colher de chá de coentro moído

Pitada de assa-fétida

Sal a gosto

Método

- Descasque as cabaças amargas. Corte-os longitudinalmente com cuidado, mantendo as bases intactas. Retire as sementes e a polpa e descarte. Esfregue sal e açafrão nas cascas externas. Reserve-os por 4-5 horas.
- Para o recheio, triture a pimenta, o gengibre, o alho e a cebola até formar uma pasta. Deixou de lado.
- Aqueça 1 colher de sopa de óleo em uma frigideira. Adicione a cebola, o gengibre e a pasta de alho. Frite em fogo médio por 2-3 minutos.
- Adicione os ingredientes restantes do recheio. Misture bem. Frite a mistura em fogo médio por 3-4 minutos.
- Retire do fogo e deixe esfriar a mistura. Recheie as abóboras com esta mistura. Amarre cada abóbora com barbante para que o recheio não caia durante o cozimento.
- Aqueça o óleo para fritar em uma frigideira. Adicione as abóboras recheadas. Frite em fogo médio até dourar e ficar crocante, virando sempre.
- Desamarre as cabaças amargas e descarte os fios. Servir quente.

Caril de repolho Kofta

(bolinhos de repolho ao molho)

Para 4 pessoas

Ingredientes

1 repolho grande, ralado

250g/9 onças de besan*

Sal a gosto

Óleo vegetal refinado para fritar

2 colheres de sopa de folhas de coentro, para decorar

Para o molho:

3 colheres de sopa de óleo vegetal refinado

3 folhas de louro

1 cardamomo preto

1cm de canela

1 dente

1 cebola grande

bem picado

Raiz de gengibre de 2,5 cm/1 polegada, juliana

3 tomates picados finamente

1 colher de chá de coentro moído

1 colher de chá de cominho em pó

Sal a gosto

250ml/8fl oz de água

Método

- Amasse o repolho, o besan e o sal até obter uma massa lisa. Divida a massa em bolas do tamanho de nozes.
- Aqueça o óleo em uma frigideira. Adicione as bolas. Frite-os em fogo médio até dourar. Escorra e reserve.
- Para o molho, aqueça o azeite em uma panela. Adicione as folhas de louro, o cardamomo, a canela e o cravo. Deixe-os chiar por 30 segundos.
- Adicione a cebola e o gengibre. Frite esta mistura em fogo médio até a cebola ficar transparente.
- Adicione os tomates, os coentros moídos e o cominho moído. Misture bem. Frite por 2-3 minutos.
- Adicione o sal e a água. Mexa por um minuto. Cubra com uma tampa e cozinhe por 5 minutos.
- Descubra a panela e adicione as bolas de kofta. Cozinhe por mais 5 minutos, mexendo ocasionalmente.
- Decore com folhas de coentro. Servir quente.

abacaxi gojju

(Compota de abacaxi picante)

Para 4 pessoas

Ingredientes

3 colheres de sopa de óleo vegetal refinado

250ml/8fl oz de água

1 colher de chá de sementes de mostarda

6 folhas de curry esmagadas

Pitada de assa-fétida

½ colher de chá de açafrão

Sal a gosto

400g/14 onças de abacaxi picado

Para a mistura de especiarias:

4 colheres de sopa de coco ralado fresco

3 pimentões verdes

2 pimentões vermelhos

½ colher de chá de sementes de erva-doce

½ colher de chá de sementes de feno-grego

1 colher de chá de sementes de cominho

2 colheres de chá de sementes de coentro

1 pequeno ramo de folhas de coentro

1 dente

2-3 grãos de pimenta

Método

- Misture todos os ingredientes para a mistura de especiarias.
- Aqueça 1 colher de sopa de óleo em uma panela. Adicione a mistura de especiarias. Frite em fogo médio por 1-2 minutos, mexendo sempre. Retire do fogo e misture com metade da água até obter uma pasta lisa. Deixou de lado.
- Aqueça o óleo restante em uma panela. Adicione sementes de mostarda e folhas de curry. Deixe-os chiar por 15 segundos.
- Adicione assa-fétida, açafrão e sal. Frite por um minuto.
- Adicione o abacaxi, a pasta de mistura de especiarias e o restante da água. Misture bem. Cubra com uma tampa e cozinhe por 8 a 12 minutos. Servir quente.

Cabaça Amarga Gojju

(Compota de cabaça amarga picante)

Para 4 pessoas

Ingredientes

Sal a gosto

4 cabaças amargas grandes*, descascado, cortado longitudinalmente, semeado e fatiado

6 colheres de sopa de óleo vegetal refinado

1 colher de chá de sementes de mostarda

8 a 10 folhas de curry

1 cebola grande ralada

3-4 dentes de alho esmagados

2 colheres de chá de pimenta em pó

1 colher de chá de cominho em pó

½ colher de chá de açafrão

1 colher de chá de coentro moído

2 colheres de chá de sambhar em pó*

2 colheres de chá de coco fresco ralado

1 colher de chá de sementes de feno-grego, torradas e moídas

2 colheres de chá de sementes de gergelim branco, torradas e moídas

2 colheres de sopa de açúcar mascavo*, Derretido

½ colher de chá de pasta de tamarindo

250ml/8fl oz de água

Pitada de assa-fétida

Método

- Esfregue sal nas fatias de cabaça amarga. Coloque-os em uma tigela e feche com papel alumínio. Deixe descansar por 30 minutos. Esprema o excesso de umidade.
- Aqueça metade do azeite em uma panela. Adicione cabaças amargas. Frite-os em fogo médio até dourar. Deixou de lado.
- Aqueça o óleo restante em outra panela. Adicione sementes de mostarda e folhas de curry. Deixe-os chiar por 15 segundos.
- Adicione a cebola e o alho. Frite esta mistura em fogo médio até a cebola dourar.
- Adicione pimenta em pó, cominho em pó, açafrão, coentro em pó, sambhar em pó e coco. Frite por 2-3 minutos.
- Adicione os ingredientes restantes, exceto água e assa-fétida. Frite por mais um minuto.
- Adicione as cabaças amargas fritas, um pouco de sal e água. Misture bem. Cubra com uma tampa e cozinhe por 12 a 15 minutos.
- Adicione a assa-fétida. Misture bem. Servir quente.

Baingan Mirchi ka Salan

(Berinjela e Chile)

Para 4 pessoas

Ingredientes

6 pimentões verdes inteiros

4 colheres de sopa de óleo vegetal refinado

600 g / 1 lb 5 onças de berinjelas pequenas, divididas em quartos

4 pimentões verdes

1 colher de chá de sementes de gergelim

10 castanhas de caju

20-25 amendoins

5 grãos de pimenta preta

¼ colher de chá de sementes de feno-grego

¼ colher de chá de sementes de mostarda

1 colher de chá de pasta de gengibre

1 colher de chá de pasta de alho

1 colher de chá de coentro moído

1 colher de chá de cominho em pó

½ colher de chá de açafrão

125g/4½ onças de iogurte

2 colheres de chá de pasta de tamarindo

3 pimentões vermelhos inteiros

Sal a gosto

1 litro / 1¾ litros de água

Método

- Retire as sementes e pique os pimentões verdes em tiras compridas.
- Aqueça 1 colher de sopa de óleo em uma panela. Adicione o pimentão verde e refogue em fogo médio por 1-2 minutos. Deixou de lado.
- Aqueça 2 colheres de sopa de óleo em outra panela. Adicione as berinjelas e os pimentões verdes. Refogue em fogo médio por 2-3 minutos. Deixou de lado.
- Aqueça uma frigideira e toste as sementes de gergelim, castanha de caju, amendoim e pimenta em fogo médio por 1-2 minutos. Retire do fogo e misture grosseiramente a mistura.
- Aqueça o óleo restante em uma panela. Adicione sementes de feno-grego, sementes de mostarda, pasta de gengibre, pasta de alho, coentro moído, cominho moído, açafrão e mistura de sementes de gergelim e caju. Frite em fogo médio por 2-3 minutos.
- Adicione o pimentão verde salteado, a berinjela salteada e o restante dos ingredientes. Cozinhe por 10-12 minutos.
- Servir quente.

Frango com verduras

Para 4 pessoas

Ingredientes

750 g / 1 lb 10 onças de frango picado em 8 pedaços

50g/1¾oz de espinafre picado

25 g / 1 onça de folhas frescas de feno-grego, picadas finamente

100g/3½ onças de folhas de coentro, picadas finamente

50g/1¾oz de folhas de hortelã, picadas finamente

6 pimentões verdes picados finamente

120ml/4fl oz de óleo vegetal refinado

2-3 cebolas grandes, cortadas em fatias finas

Sal a gosto

Método

- Misture todos os ingredientes da marinada. Marinar o frango com esta mistura por uma hora.
- Moa espinafre, folhas de feno-grego, folhas de coentro e folhas de hortelã com pimenta verde até obter uma pasta lisa. Misture esta pasta com o frango marinado. Deixou de lado.
- Aqueça o óleo em uma panela. Adicione as cebolas. Frite-os em fogo médio até dourar.

- Adicione a mistura de frango e sal. Misture bem. Cubra com uma tampa e cozinhe por 40 minutos, mexendo ocasionalmente. Servir quente.

Para a marinada:

1 colher de chá de garam masala

1 colher de chá de coentro moído

1 colher de chá de cominho em pó

200g/7 onças de iogurte

¼ colher de chá de açafrão

1 colher de chá de pimenta em pó

1 colher de chá de pasta de gengibre

1 colher de chá de pasta de alho

Frango Tikka Masala

Para 4 pessoas

Ingredientes

200g/7 onças de iogurte

½ colher de sopa de pasta de gengibre

½ colher de sopa de pasta de alho

Uma pitada de corante alimentício laranja

2 colheres de sopa de óleo vegetal refinado

500g/1lb 2oz de frango desossado, cortado em pedaços pequenos

1 colher de sopa de manteiga

6 tomates picados finamente

2 cebolas grandes

½ colher de chá de pasta de gengibre

½ colher de chá de pasta de alho

½ colher de chá de açafrão

1 colher de sopa de garam masala

1 colher de chá de pimenta em pó

Sal a gosto

1 colher de sopa de folhas de coentro picadas finamente

Método

- Para o tikka, misture iogurte, pasta de gengibre, pasta de alho, corante alimentício e 1 colher de sopa de óleo. Marinar o frango com esta mistura por 5 horas.
- Grelhe o frango marinado por 10 minutos. Deixou de lado.
- Aqueça a manteiga em uma panela. Adicione os tomates. Frite-os em fogo médio por 3-4 minutos. Retire do fogo e misture até obter uma pasta lisa. Deixou de lado.
- Moa a cebola até obter uma pasta lisa.
- Aqueça o óleo restante em uma panela. Adicione a pasta de cebola. Frite em fogo médio até dourar.
- Adicione a pasta de gengibre e a pasta de alho. Frite por um minuto.
- Adicione açafrão, garam masala, pimenta em pó e pasta de tomate. Misture bem. Mexa a mistura por 3-4 minutos.
- Adicione sal e frango grelhado. Misture delicadamente até que o molho cubra o frango.
- Decore com folhas de coentro. Servir quente.

Frango Recheado Picante em Molho Rico

Para 4 pessoas

Ingredientes

½ colher de chá de pimenta em pó

½ colher de chá de garam masala

4 colheres de chá de pasta de gengibre

4 colheres de chá de pasta de alho

Sal a gosto

8 peitos de frango achatados

4 cebolas grandes, finamente picadas

5 cm/1 polegada de raiz de gengibre, finamente picado

5 pimentões verdes picados finamente

200g/7 onças de khoya*

2 colheres de sopa de suco de limão

50g/1¾oz de folhas de coentro, picadas finamente

15 cajus

5 colheres de chá de coco ralado

30 g/1 onça de amêndoas em flocos

1 colher de chá de açafrão embebido em 1 colher de sopa de leite

150g/5½ onças de ghee

200g/7oz de iogurte batido

Método

- Misture a pimenta em pó, o garam masala, metade da pasta de gengibre, metade da pasta de alho e um pouco de sal. Marinar os peitos de frango com esta mistura durante 2 horas.
- Misture metade da cebola com o gengibre picado, a pimenta verde, o khoya, o suco de limão, o sal e metade das folhas de coentro. Divida esta mistura em 8 porções iguais.
- Coloque cada porção na extremidade mais estreita de cada peito de frango e enrole para dentro para selar o peito. Deixou de lado.
- Pré-aqueça o forno a 200°C (400°F, Gas Mark 6). Coloque os peitos de frango recheados em uma assadeira untada e leve ao forno por 15-20 minutos até dourar. Deixou de lado.
- Moa as castanhas de caju e o coco até obter uma pasta lisa. Deixou de lado.
- Mergulhe as amêndoas na mistura de leite com açafrão. Deixou de lado.
- Aqueça o ghee em uma panela. Adicione as cebolas restantes. Frite-os em fogo médio até ficarem translúcidos. Adicione a pasta de gengibre restante e a pasta de alho. Frite a mistura por um minuto.
- Adicione a castanha de caju e a pasta de coco. Frite por um minuto. Adicione o iogurte e os peitos de frango grelhados. Misture bem. Cozinhe por 5-6 minutos, mexendo sempre. Adicione a mistura de amêndoa e açafrão. Misture delicadamente. Cozinhe por 5 minutos.

- Decore com folhas de coentro. Servir quente.

Masala de frango picante

Para 4 pessoas

Ingredientes

6 pimentas vermelhas secas inteiras

2 colheres de sopa de sementes de coentro

6 vagens de cardamomo verde

6 dentes

5 cm/2 polegadas de canela

2 colheres de chá de sementes de erva-doce

½ colher de chá de pimenta preta

120ml/4fl oz de óleo vegetal refinado

2 cebolas grandes, fatiadas

1 cm/½ polegada de raiz de gengibre ralado

8 dentes de alho esmagados

2 tomates grandes, picados finamente

3-4 folhas de louro

1 kg/2¼lb de frango cortado em 12 pedaços

½ colher de chá de açafrão

Sal a gosto

500ml/16fl oz de água

100g/3½ onças de folhas de coentro, picadas finamente

Método

- Misture pimenta vermelha, sementes de coentro, cardamomo, cravo, canela, sementes de erva-doce e pimenta.
- Asse a mistura a seco e triture até virar pó. Deixou de lado.
- Aqueça o óleo em uma panela. Adicione as cebolas. Frite-os em fogo médio até dourar.
- Adicione o gengibre e o alho. Frite por um minuto.
- Adicione os tomates, as folhas de louro e as sementes de coentro em pó e a pimenta vermelha moída. Continue fritando por 2-3 minutos.
- Adicione o frango, a cúrcuma, o sal e a água. Misture bem. Cubra com uma tampa e cozinhe por 40 minutos, mexendo em intervalos regulares.
- Decore o frango com as folhas de coentro. Servir quente.

Frango da Caxemira

Para 4 pessoas

Ingredientes

2 colheres de sopa de vinagre de malte

2 colheres de chá de pimenta em flocos

2 colheres de chá de sementes de mostarda

2 colheres de chá de sementes de cominho

½ colher de chá de pimenta preta

7,5 cm/3 polegadas de canela

10 dentes

75g / 2½ onças de ghee

1 kg/2¼lb de frango cortado em 12 pedaços

1 colher de sopa de óleo vegetal refinado

4 folhas de louro

4 cebolas médias, finamente picadas

1 colher de sopa de pasta de gengibre

1 colher de sopa de pasta de alho

3 tomates picados finamente

1 colher de chá de açafrão

500ml/16fl oz de água

Sal a gosto

20 castanhas de caju moídas

6 fios de açafrão embebidos em suco de 1 limão

Método

- Misture o vinagre de malte com os flocos de pimenta, as sementes de mostarda, as sementes de cominho, a pimenta, a canela e o cravo. Triture esta mistura até obter uma pasta lisa. Deixou de lado.
- Aqueça o ghee em uma panela. Adicione os pedaços de frango e frite em fogo médio até dourar. Escorra e reserve.
- Aqueça o óleo em uma panela. Adicione as folhas de louro e a cebola. Frite esta mistura em fogo médio até a cebola dourar.
- Adicione a pasta de vinagre. Misture bem e cozinhe em fogo baixo por 7-8 minutos.
- Adicione a pasta de gengibre e a pasta de alho. Frite esta mistura por um minuto.
- Adicione os tomates e a cúrcuma. Misture bem e cozinhe em fogo médio por 2-3 minutos.
- Adicione o frango frito, a água e o sal. Misture bem para cobrir o frango. Cubra com uma tampa e cozinhe por 30 minutos, mexendo ocasionalmente.
- Adicione as castanhas de caju e o açafrão. Continue a ferver por 5 minutos. Servir quente.

Rum e Frango

Para 4 pessoas

Ingredientes

1 colher de chá de garam masala

1 colher de chá de pimenta em pó

1 kg / 2¼ lb de frango cortado em 8 pedaços

6 dentes de alho

4 grãos de pimenta preta

4 dentes

½ colher de chá de sementes de cominho

2,5 cm/1 polegada de canela

50g/1¾oz de coco ralado fresco

4 amêndoas

1 vagem de cardamomo verde

1 colher de sopa de sementes de coentro

300 ml/10 fl oz de água

75g / 2½ onças de ghee

3 cebolas grandes, finamente picadas

Sal a gosto

½ colher de chá de açafrão

120ml/4fl oz de rum escuro

1 colher de sopa de folhas de coentro picadas finamente

Método

- Misture garam masala e pimenta em pó. Marinar o frango com esta mistura por 2 horas.
- Alho assado a seco, pimenta em grão, cravo, sementes de cominho, canela, coco, amêndoas, cardamomo e sementes de coentro.
- Triture com 60 ml de água até obter uma pasta lisa. Deixou de lado.
- Aqueça o ghee em uma panela. Adicione as cebolas e refogue em fogo médio até ficarem translúcidas.
- Adicione a pasta de alho e pimenta. Misture bem. Frite a mistura por 3-4 minutos.
- Adicione o frango marinado e o sal. Misture bem. Continue fritando por 3-4 minutos, mexendo ocasionalmente.
- Adicione 240 ml de água. Mexa suavemente. Cubra com uma tampa e cozinhe por 40 minutos, mexendo em intervalos regulares.
- Adicione o açafrão e o rum. Misture bem e continue cozinhando por 10 minutos.
- Decore com folhas de coentro. Servir quente.

Frango Shahjahani

(Frango ao molho picante)

Para 4 pessoas

Ingredientes

5 colheres de sopa de óleo vegetal refinado

2 folhas de louro

5 cm/2 polegadas de canela

6 vagens de cardamomo verde

½ colher de chá de sementes de cominho

8 dentes

3 cebolas grandes, finamente picadas

1 colher de chá de açafrão

1 colher de chá de pimenta em pó

1 colher de chá de pasta de gengibre

1 colher de chá de pasta de alho

Sal a gosto

75g/2½ onças de castanha de caju moída

150g/5½ onças de iogurte, batido

1 kg / 2¼ lb de frango cortado em 8 pedaços

2 colheres de sopa de creme

¼ colher de chá de cardamomo preto moído

10g/¼oz de folhas de coentro, picadas finamente

Método

- Aqueça o óleo em uma panela. Adicione folhas de louro, canela, cardamomo, sementes de cominho e cravo. Deixe-os chiar por 15 segundos.
- Adicione cebola, açafrão e pimenta em pó. Refogue a mistura em fogo médio por 1-2 minutos.
- Adicione a pasta de gengibre e a pasta de alho. Frite por 2-3 minutos, mexendo sempre.
- Adicione o sal e as castanhas de caju moídas. Misture bem e frite por mais um minuto.
- Adicione o iogurte e o frango. Mexa delicadamente até que a mistura cubra os pedaços de frango.
- Cubra com uma tampa e cozinhe a mistura em fogo baixo por 40 minutos, mexendo sempre.
- Descubra a panela e acrescente o creme de leite e o cardamomo moído. Mexa delicadamente por 5 minutos.
- Decore o frango com as folhas de coentro. Servir quente.

frango de páscoa

Para 4 pessoas

Ingredientes

1 colher de chá de suco de limão

1 colher de chá de pasta de gengibre

1 colher de chá de pasta de alho

Sal a gosto

1 kg / 2¼ lb de frango cortado em 8 pedaços

2 colheres de sopa de sementes de coentro

12 dentes de alho

2,5 cm/1 polegada de raiz de gengibre

1 colher de chá de sementes de cominho

8 pimentas vermelhas

4 dentes

2,5 cm/1 polegada de canela

1 colher de chá de açafrão

1 litro / 1¾ litros de água

4 colheres de sopa de óleo vegetal refinado

3 cebolas grandes, finamente picadas

4 pimentões verdes, cortados longitudinalmente

3 tomates picados finamente

1 colher de chá de pasta de tamarindo

2 batatas grandes, cortadas em quartos

Método

- Misture o suco de limão, a pasta de gengibre, a pasta de alho e o sal. Marinar os pedaços de frango com esta mistura por 2 horas.
- Misture sementes de coentro, alho, gengibre, sementes de cominho, pimenta vermelha, cravo, canela e açafrão.
- Triture esta mistura com metade da água até obter uma pasta lisa. Deixou de lado.
- Aqueça o óleo em uma panela. Adicione as cebolas. Frite-os em fogo médio até ficarem translúcidos.
- Adicione pimenta verde e sementes de coentro e pasta de alho. Frite esta mistura por 3-4 minutos.
- Adicione os tomates e a pasta de tamarindo. Continue fritando por 2-3 minutos.
- Adicione o frango marinado, as batatas e o restante da água. Misture bem. Cubra com uma tampa e cozinhe por 40 minutos, mexendo em intervalos regulares.
- Servir quente.

Pato Picante com Batata

Para 4 pessoas

Ingredientes

1 colher de chá de coentro moído

2 colheres de chá de pimenta em pó

¼ colher de chá de açafrão

5 cm/2 polegadas de canela

6 dentes

4 vagens de cardamomo verde

1 colher de chá de sementes de erva-doce

60ml/2fl oz de óleo vegetal refinado

4 cebolas grandes, cortadas em fatias finas

5 cm/2 pol. de raiz de gengibre ralado

8 dentes de alho

6 pimentões verdes, cortados longitudinalmente

3 batatas grandes, cortadas em quartos

1 kg / 2¼ libras de pato, cortado em 8 a 10 pedaços

2 colheres de chá de vinagre de malte

750ml / 1¼ litro de leite de coco

Sal a gosto

1 colher de chá de manteiga

1 colher de chá de sementes de mostarda

2 chalotas fatiadas

8 folhas de curry

Método

- Misture coentro, pimenta em pó, açafrão, canela, cravo, cardamomo e sementes de erva-doce. Moa esta mistura até virar pó. Deixou de lado.
- Aqueça o óleo em uma panela. Adicione a cebola, o gengibre, o alho e a pimenta verde. Frite em fogo médio por 2-3 minutos.
- Adicione o pó à mistura de especiarias. Refogue por 2 minutos.
- Adicione as batatas. Continue fritando por 3-4 minutos.
- Adicione o pato, o vinagre de malte, o leite de coco e o sal. Mexa por 5 minutos. Cubra com uma tampa e cozinhe a mistura em fogo baixo por 40 minutos, mexendo sempre. Assim que o pato estiver cozido, retire do fogo e reserve.
- Aqueça o ghee em uma panela pequena. Adicione sementes de mostarda, chalotas e folhas de curry. Refogue em fogo alto por 30 segundos.
- Despeje isso sobre o pato. Misture bem. Servir quente.

Pato moile

(curry de pato simples)

Para 4 pessoas

Ingredientes

1 kg de pato cortado em 12 pedaços

Sal a gosto

1 colher de sopa de coentro moído

1 colher de chá de cominho em pó

6 grãos de pimenta preta

4 dentes

2 vagens de cardamomo verde

2,5 cm/1 polegada de canela

120ml/4fl oz de óleo vegetal refinado

3 cebolas grandes, finamente picadas

5 cm/2 pol. de raiz de gengibre, em fatias finas

3 pimentões verdes picados finamente

½ colher de chá de açúcar

2 colheres de sopa de vinagre de malte

360ml/12fl oz de água

Método

- Marinar os pedaços de pato com sal por uma hora.
- Misture coentro moído, cominho moído, pimenta, cravo, cardamomo e canela. Asse esta mistura em uma frigideira em fogo médio por 1-2 minutos.
- Retire do fogo e triture até obter um pó fino. Deixou de lado.
- Aqueça o óleo em uma panela. Adicione os pedaços de pato marinado. Frite-os em fogo médio até dourar. Vire-os ocasionalmente para garantir que não queimem. Escorra e reserve.
- Aqueça o mesmo azeite e acrescente a cebola. Frite-os em fogo médio até dourar.
- Adicione gengibre e pimenta verde. Continue fritando por 1-2 minutos.
- Adicione açúcar, vinagre de malte e pó de coentro e cominho. Mexa por 2-3 minutos.
- Adicione os pedaços de pato frito junto com a água. Misture bem. Cubra com uma tampa e cozinhe por 40 minutos, mexendo ocasionalmente.
- Servir quente.

Bharwa Murgh Kaju

(Frango Recheado com Castanha de Caju)

Para 4 pessoas

Ingredientes

3 colheres de chá de pasta de gengibre

3 colheres de chá de pasta de alho

10 castanhas de caju moídas

1 colher de chá de pimenta em pó

1 colher de chá de garam masala

Sal a gosto

8 peitos de frango achatados

4 cebolas grandes, finamente picadas

200g/7 onças de khoya*

6 pimentões verdes picados finamente

25g / escassas 1 onça de folhas de hortelã, picadas finamente

25g / escassas 1 onça de folhas de coentro, picadas finamente

2 colheres de sopa de suco de limão

75g / 2½ onças de ghee

75g/2½ onças de castanha de caju moída

400g/14 onças de iogurte batido

2 colheres de chá de garam masala

2 colheres de chá de açafrão embebido em 2 colheres de sopa de leite morno

Sal a gosto

Método

- Misture metade da pasta de gengibre e metade da pasta de alho com a castanha de caju moída, a pimenta em pó, o garam masala e um pouco de sal.
- Marinar os peitos de frango com esta mistura por 30 minutos.
- Misture metade da cebola com o khoya, a pimenta verde, as folhas de hortelã, as folhas de coentro e o suco de limão. Divida esta mistura em 8 porções iguais.
- Espalhe um peito de frango marinado. Coloque uma porção da mistura de cebola e khoya por cima. Enrole como um embrulho.
- Repita isso para o restante dos peitos de frango.
- Unte uma assadeira e coloque dentro dela os peitos de frango recheados, com as pontas soltas voltadas para baixo.
- Asse o frango em forno a 200°C (400°F, Gas Mark 6) por 20 minutos. Deixou de lado.
- Aqueça o ghee em uma panela. Adicione as cebolas restantes. Frite-os em fogo médio até ficarem translúcidos.

- Adicione a pasta de gengibre restante e a pasta de alho. Frite a mistura por 1-2 minutos.
- Adicione a castanha de caju moída, o iogurte e o garam masala. Mexa por 1-2 minutos.
- Adicione os rolinhos de frango assado, a mistura de açafrão e um pouco de sal. Misture bem. Cubra com uma tampa e cozinhe por 15-20 minutos. Servir quente.

Masala de frango com iogurte

Para 4 pessoas

Ingredientes

1 kg/2¼lb de frango cortado em 12 pedaços

7,5 cm/3 pol. de raiz de gengibre ralado

10 dentes de alho amassados

½ colher de chá de pimenta em pó

½ colher de chá de garam masala

½ colher de chá de açafrão

2 pimentões verdes

Sal a gosto

200g/7 onças de iogurte

½ colher de chá de sementes de cominho

1 colher de chá de sementes de coentro

4 dentes

4 grãos de pimenta preta

2,5 cm/1 polegada de canela

4 vagens de cardamomo verde

6-8 amêndoas

5 colheres de sopa de manteiga

4 cebolas médias, finamente picadas

250ml/8fl oz de água

1 colher de sopa de folhas de coentro picadas finamente

Método

- Fure os pedaços de frango com um garfo. Deixou de lado.
- Misture metade do gengibre e do alho com a pimenta em pó, o garam masala, a cúrcuma, a pimenta verde e o sal. Triture esta mistura até obter uma pasta lisa. Bata a pasta com o iogurte.
- Marinar o frango com esta mistura por 4-5 horas. Deixou de lado.
- Aqueça uma panela. Sementes de cominho torradas secas, sementes de coentro, cravo, pimenta, canela, cardamomo e amêndoas. Deixou de lado.
- Aqueça 4 colheres de sopa de ghee em uma panela pesada. Adicione as cebolas. Frite-os em fogo médio até ficarem translúcidos.
- Adicione o gengibre e o alho restantes. Frite por 1-2 minutos.
- Retire do fogo e misture esta mistura com a mistura de cominhos torrados secos e coentros até obter uma pasta lisa.

- Aqueça o ghee restante em uma panela. Adicione a pasta e frite em fogo médio por 2-3 minutos.
- Adicione o frango marinado e frite por mais 3-4 minutos.
- Adicione a água. Mexa delicadamente por um minuto. Cubra com uma tampa e cozinhe por 30 minutos, mexendo em intervalos regulares.
- Decore com folhas de coentro e sirva quente.

Frango Dhansak

(Frango cozido no estilo Parsi)

Para 4 pessoas

Ingredientes

75g/2½ onças de toor dhal*

75g/2½ onças de mung dhal*

75g/2½ onças de masoor dhal*

75g/2½ onças de chana dhal*

1 berinjela pequena, finamente picada

25g / escassa 1 onça de abóbora, picada finamente

Sal a gosto

1 litro / 1¾ litros de água

8 grãos de pimenta preta

6 dentes

2,5 cm/1 polegada de canela

Pitada de maça

2 folhas de louro

1 anis estrelado

3 pimentas vermelhas secas

2 colheres de sopa de óleo vegetal refinado

50g/1¾oz de folhas de coentro, picadas finamente

50g/1¾oz de folhas frescas de feno-grego, picadas finamente

50g/1¾oz de folhas de hortelã, picadas finamente

750 g / 1 lb 10 onças de frango desossado, cortado em 12 pedaços

1 colher de chá de açafrão

¼ colher de chá de noz-moscada ralada

1 colher de sopa de pasta de alho

1 colher de sopa de pasta de gengibre

1 colher de sopa de pasta de tamarindo

Método

- Misture os dhals com a berinjela, a abóbora, o sal e metade da água. Cozinhe esta mistura em uma panela em fogo médio por 45 minutos.
- Retire do fogo e misture esta mistura até obter uma pasta lisa. Deixou de lado.
- Misture os grãos de pimenta, o cravo, a canela, o macis, o louro, o anis estrelado e a pimenta vermelha. Asse a mistura a seco em fogo médio por 2-3 minutos. Retire do fogo e triture até obter um pó fino. Deixou de lado.
- Aqueça o óleo em uma panela. Adicione o coentro, o feno-grego e as folhas de hortelã. Frite-os em fogo médio por 1-2 minutos. Retire do fogo e triture até obter uma pasta. Deixou de lado.
- Misture o frango com açafrão, noz-moscada, pasta de alho, pasta de gengibre, pasta dhal e o restante da água.

Cozinhe esta mistura em uma panela em fogo médio por 30 minutos, mexendo de vez em quando.
- Adicione a pasta de coentro, o feno-grego e as folhas de hortelã. Cozinhe por 2-3 minutos.
- Adicione o cravo-da-índia em pó e a pasta de tamarindo. Misture bem. Mexa a mistura em fogo baixo por 8 a 10 minutos.
- Servir quente.

Frango Chatpata

(Frango apimentado)

Para 4 pessoas

Ingredientes

500g/1lb 2oz de frango desossado, cortado em pedaços pequenos

2 colheres de sopa de óleo vegetal refinado

150g/5½ onças de florzinhas de couve-flor

200g/7oz de cogumelos, fatiados

1 cenoura grande, fatiada

1 pimentão verde grande, sem sementes e picado

Sal a gosto

½ colher de chá de pimenta preta moída

10-15 folhas de curry

5 pimentões verdes picados finamente

5 cm/2 pol. de raiz de gengibre, finamente picado

10 dentes de alho picados finamente

4 colheres de sopa de purê de tomate

4 colheres de sopa de folhas de coentro, picadas finamente

Para a marinada:

125g/4½ onças de iogurte

1½ colher de sopa de pasta de gengibre

1½ colher de sopa de pasta de alho

1 colher de chá de pimenta em pó

1 colher de chá de garam masala

Sal a gosto

Método

- Misture todos os ingredientes da marinada.
- Marinar o frango com esta mistura por 1 hora.
- Aqueça meia colher de sopa de óleo em uma panela. Adicione a couve-flor, os cogumelos, a cenoura, o pimentão verde, o sal e a pimenta preta moída. Misture bem. Frite a mistura em fogo médio por 3-4 minutos. Deixou de lado.
- Aqueça o óleo restante em outra panela. Adicione folhas de curry e pimenta verde. Frite-os em fogo médio por um minuto.
- Adicione o gengibre e o alho. Frite por mais um minuto.
- Adicione o frango marinado e os legumes fritos. Frite por 4-5 minutos.
- Adicione o purê de tomate. Misture bem. Cubra com uma tampa e cozinhe a mistura em fogo baixo por 40 minutos, mexendo de vez em quando.
- Decore com folhas de coentro. Servir quente.

Pato Masala com leite de coco

Para 4 pessoas

Ingredientes

1 kg de pato cortado em 12 pedaços

Óleo vegetal refinado para fritar

3 batatas grandes picadas

750ml / 1¼ litro de água

4 colheres de chá de óleo de coco

1 cebola grande em fatias finas

100g/3½ onças de leite de coco

Para a mistura de especiarias:

2 colheres de chá de coentro moído

½ colher de chá de açafrão

1 colher de chá de pimenta preta moída

¼ colher de chá de sementes de cominho

¼ colher de chá de sementes de cominho preto

2,5 cm/1 polegada de canela

9 dentes

2 vagens de cardamomo verde

8 dentes de alho

2,5 cm/1 polegada de raiz de gengibre

1 colher de chá de vinagre de malte

Sal a gosto

Método

- Misture os ingredientes da mistura de especiarias e triture até obter uma pasta lisa.
- Marinar o pato com esta pasta por 2 a 3 horas.
- Aqueça o óleo em uma panela. Adicione as batatas e frite em fogo médio até dourar. Escorra e reserve.
- Aqueça a água em uma panela. Adicione os pedaços de pato marinado e cozinhe por 40 minutos, mexendo ocasionalmente. Deixou de lado.
- Aqueça o óleo de coco em uma frigideira. Adicione a cebola e refogue em fogo médio até dourar.
- Adicione o leite de coco. Cozinhe a mistura por 2 minutos, mexendo sempre.
- Retire do fogo e acrescente esta mistura ao pato cozido. Misture bem e cozinhe por 5-10 minutos.
- Decore com as batatas fritas. Servir quente.

Frango Dil Bahar

(Frango cremoso)

Para 4 pessoas

Ingredientes

4-5 colheres de sopa de óleo vegetal refinado

2 folhas de louro

5 cm/2 polegadas de canela

3 vagens de cardamomo verde

4 dentes

2 cebolas grandes, finamente picadas

1 colher de chá de pasta de gengibre

1 colher de chá de pasta de alho

2 colheres de chá de cominho em pó

2 colheres de chá de coentro moído

½ colher de chá de açafrão

4 pimentões verdes, cortados longitudinalmente

750 g / 1 lb 10 onças de frango desossado, cortado em 16 pedaços

50g/1¾oz de cebolinha picada

1 pimentão verde grande, picado finamente

1 colher de chá de garam masala

Sal a gosto

150g/5½ onças de purê de tomate

125g/4½ onças de iogurte

250ml/8fl oz de água

2 colheres de manteiga

85g/3 onças de castanha de caju

500ml/16fl oz de leite condensado

250ml / 8fl oz de creme de leite

1 colher de sopa de folhas de coentro picadas finamente

Método

- Aqueça o óleo em uma panela. Adicione as folhas de louro, a canela, o cardamomo e o cravo. Deixe-os chiar por 30 segundos.
- Adicione a cebola, a pasta de gengibre e a pasta de alho. Frite esta mistura em fogo médio até a cebola dourar.
- Adicione cominho em pó, coentro em pó, açafrão e pimenta verde. Frite a mistura por 2-3 minutos.
- Adicione os pedaços de frango. Misture bem. Frite-os por 5 minutos.
- Adicione a cebolinha, o pimentão verde, o garam masala e o sal. Continue fritando por 3-4 minutos.
- Adicione o purê de tomate, o iogurte e a água. Misture bem e cubra com uma tampa. Cozinhe a mistura em fogo baixo por 30 minutos, mexendo ocasionalmente.

- Enquanto a mistura de frango cozinha, aqueça a manteiga em outra panela. Adicione as castanhas de caju e frite em fogo médio até dourar. Deixou de lado.
- Adicione o leite condensado e as natas à mistura de frango. Misture bem e continue cozinhando por 5 minutos.
- Adicione a manteiga com as castanhas fritas e misture bem por 2 minutos.
- Decore com folhas de coentro. Servir quente.

Dum ka Murgh

(Frango cozido lentamente)

Para 4 pessoas

Ingredientes

4 colheres de sopa de óleo vegetal refinado mais extra para fritar

3 cebolas grandes, fatiadas

10 amêndoas

10 castanhas de caju

1 colher de sopa de coco ralado

1 colher de chá de pasta de gengibre

1 colher de chá de pasta de alho

½ colher de chá de açafrão

1 colher de chá de pimenta em pó

Sal a gosto

200g/7 onças de iogurte

1 kg/2¼ lb de frango picado

1 colher de sopa de folhas de coentro picadas

1 colher de sopa de folhas de hortelã picadas

½ colher de chá de açafrão

Método

- Aqueça o óleo para fritar. Adicione a cebola e refogue em fogo médio até dourar. Escorra e reserve.
- Misture as amêndoas, as castanhas de caju e o coco. Asse a mistura a seco. Misture com água suficiente para formar uma pasta lisa.
- Aqueça 4 colheres de sopa de óleo em uma panela. Adicione pasta de gengibre, pasta de alho, açafrão e pimenta em pó. Frite em fogo médio por 1-2 minutos.
- Adicione a pasta de amêndoa e caju, a cebola frita, o sal e o iogurte. Cozinhe por 4-5 minutos.

- Transfira para um refratário. Adicione o frango, o coentro e as folhas de hortelã. Misture bem.
- Polvilhe o açafrão por cima. Sele com papel alumínio e cubra bem com uma tampa. Asse em forno a 180°C (350°F, Gas Mark 4) por 40 minutos.
- Servir quente.

Murgh Kheema Masala

(Frango Picado Picante)

Para 4 pessoas

Ingredientes

60ml/2fl oz de óleo vegetal refinado

5 cm/2 polegadas de canela

4 dentes

2 vagens de cardamomo verde

½ colher de chá de sementes de cominho

2 cebolas grandes, finamente picadas

1 colher de chá de coentro moído

½ colher de chá de cominho em pó

½ colher de chá de açafrão

1 colher de chá de pimenta em pó

2 colheres de chá de pasta de gengibre

3 colheres de chá de pasta de alho

3 tomates picados finamente

200g/7oz de ervilhas congeladas

1 kg de frango picado

75g/2½ onças de castanha de caju moída

125g/4½ onças de iogurte

250ml/8fl oz de água

Sal a gosto

4 colheres de sopa de creme

25g / escassas 1 onça de folhas de coentro, picadas finamente

Método

- Aqueça o óleo em uma panela. Adicione a canela, o cravo, o cardamomo e as sementes de cominho. Deixe-os chiar por 15 segundos.
- Adicione a cebola, o coentro moído, o cominho moído, a cúrcuma e a pimenta em pó. Frite em fogo médio por 1-2 minutos.
- Adicione a pasta de gengibre e a pasta de alho. Continue fritando por um minuto.
- Adicione os tomates, as ervilhas e o frango picado. Misture bem. Cozinhe esta mistura em fogo baixo por 10-15 minutos, mexendo ocasionalmente.
- Adicione o iogurte, a água e o sal. Misture bem. Cubra com uma tampa e cozinhe por 20-25 minutos.
- Decore com as natas e as folhas de coentros. Servir quente.

Frango Recheado Nawabi

Para 4 pessoas

Ingredientes

200g/7 onças de iogurte

2 colheres de sopa de suco de limão

½ colher de chá de açafrão

Sal a gosto

1kg de frango

100g de pão ralado

Para o recheio:

120ml/4fl oz de óleo vegetal refinado

1½ colher de chá de pasta de gengibre

1½ colher de chá de pasta de alho

2 cebolas grandes, finamente picadas

2 pimentões verdes picados finamente

½ colher de chá de pimenta em pó

1 moela de frango picada

1 fígado de frango picado

200g/7 onças de ervilhas

2 cenouras em cubos

50g/1¾oz de folhas de coentro, picadas finamente

2 colheres de sopa de folhas de hortelã picadas

½ colher de chá de pimenta preta moída

½ colher de chá de garam masala

20 castanhas de caju picadas

20 passas

Método

- Bata o iogurte com o suco de limão, a cúrcuma e o sal. Marinar o frango com esta mistura por 1-2 horas.
- Para o recheio, aqueça o azeite em uma panela. Adicione a pasta de gengibre, a pasta de alho e a cebola e frite em fogo médio por 1-2 minutos.
- Adicione a pimenta verde, a pimenta em pó, a moela de frango e o fígado de galinha. Misture bem. Frite por 3-4 minutos.
- Adicione ervilhas, cenouras, folhas de coentro, folhas de hortelã, pimenta, garam masala, castanha de caju e passas. Mexa por 2 minutos. Cubra com uma tampa e cozinhe por 20 minutos, mexendo ocasionalmente.
- Retire do fogo e deixe esfriar.
- Preencha esta mistura com o frango marinado.
- Passe o frango recheado na farinha de rosca e asse em forno pré-aquecido a 200°C (400°F, Gas Mark 6) por 50 minutos.
- Servir quente.

Murgh ke Nazaré

(Frango com Queijo Cheddar e Paneer)

Para 4 pessoas

Ingredientes

Sal a gosto

½ colher de sopa de pasta de gengibre

½ colher de sopa de pasta de alho

Suco de 1 limão

750g / 1lb 10 onças de pedaços de frango desossados, achatados

75g de paneer*, Grato

250g/9oz de frango picado

75g/2½ onças de queijo cheddar ralado

1 colher de chá de coentro moído

½ colher de chá de garam masala

½ colher de chá de açafrão

125g/4½ onças de khoya*

1 colher de chá de pimenta em pó

2 ovos cozidos e picados finamente

3 tomates picados finamente

2 pimentões verdes picados finamente

2 cebolas grandes, finamente picadas

2 colheres de sopa de folhas de coentro picadas

½ colher de chá de gengibre em pó

Para o molho:

4 colheres de sopa de óleo vegetal refinado

½ colher de sopa de pasta de gengibre

½ colher de sopa de pasta de alho

2 cebolas grandes picadas

2 pimentões verdes picados finamente

½ colher de chá de açafrão

1 colher de chá de coentro moído

½ colher de chá de pimenta branca moída

½ colher de chá de cominho em pó

½ colher de chá de gengibre seco em pó

200g/7 onças de iogurte

4 castanhas de caju moídas

4 amêndoas moídas

125g/4½ onças de khoya*

Método

- Misture sal, pasta de gengibre, pasta de alho e suco de limão. Marinar o frango com esta mistura por 1 hora. Deixou de lado.
- Misture o paneer com o frango picado, o queijo, o coentro moído, o garam masala, a cúrcuma e o khoya.
- Espalhe esta mistura sobre o frango marinado. Polvilhe pimenta em pó, ovos, tomate, pimenta verde, cebola, folhas de coentro e gengibre em pó por cima. Enrole o frango como um envoltório e feche-o amarrando-o bem com barbante.
- Asse em forno a 200°C (400°F, Gas Mark 6) por 30 minutos. Deixou de lado.
- Para o molho, aqueça o azeite em uma panela. Adicione a pasta de gengibre, a pasta de alho, a cebola e a pimenta verde. Frite-os em fogo médio por 2-3 minutos. Adicione os ingredientes restantes do molho. Cozinhe por 7-8 minutos.
- Corte o rolinho de frango em pedaços pequenos e coloque em uma travessa. Despeje o molho sobre eles. Servir quente.

Murgh Pasanda

(mordidas de frango picante)

Para 4 pessoas

Ingredientes

1 colher de chá de açafrão

30g/1oz de folhas de coentro picadas

1 colher de chá de pimenta em pó

10 g/¼ onça de folhas de hortelã, picadas finamente

1 colher de chá de garam masala

Pedaço de mamão cru de 5cm/2 pol., moído

1 colher de chá de pasta de gengibre

1 colher de chá de pasta de alho

Sal a gosto

750 g / 1 lb 10 onças de peito de frango cortado em fatias finas

6 colheres de sopa de óleo vegetal refinado

Método

- Misture todos os ingredientes, exceto o frango e o óleo. Marinar as fatias de frango com esta mistura durante 3 horas.
- Aqueça o óleo em uma frigideira. Adicione as fatias de frango marinadas e refogue em fogo médio até dourar, virando de vez em quando. Servir quente.

Murgh Masala

(Frango Masala)

Para 4 pessoas

Ingredientes

4 colheres de sopa de óleo vegetal refinado

2 cebolas grandes raladas

1 tomate picado

Sal a gosto

1 kg / 2¼ lb de frango cortado em 8 pedaços

360ml/12fl oz de água

360ml/12fl oz de leite de coco

Para a mistura de especiarias:

2 colheres de sopa de garam masala

1 colher de chá de sementes de cominho

1½ colher de chá de sementes de papoula

4 pimentas vermelhas

½ colher de chá de açafrão

8 dentes de alho

2,5 cm/1 polegada de raiz de gengibre

Método

- Moa a mistura de especiarias com água suficiente para formar uma pasta lisa. Deixou de lado.
- Aqueça o óleo em uma panela. Adicione a cebola e refogue em fogo médio até dourar. Adicione a pasta de mistura de especiarias e frite por 5-6 minutos.
- Adicione o tomate, o sal, o frango e a água. Cubra com uma tampa e cozinhe por 20 minutos. Adicione o leite de coco, misture bem e sirva quente.

Creme de frango Bohri

(Frango ao molho cremoso)

Para 4 pessoas

Ingredientes

3 cebolas grandes

2,5 cm/1 polegada de raiz de gengibre

8 dentes de alho

6 pimentões verdes

100g/3½ onças de folhas de coentro, picadas finamente

3 colheres de sopa de folhas de hortelã picadas

120ml de água

1 kg / 2¼ lb de frango cortado em 8 pedaços

2 colheres de sopa de suco de limão

1 colher de chá de pimenta preta moída

250ml / 8fl oz de creme de leite

30g/1 onça de ghee

Sal a gosto

Método

- Misture a cebola, o gengibre, o alho, a pimenta verde, as folhas de coentro e as folhas de hortelã. Moa esta mistura com água para fazer uma pasta fina.
- Marinar o frango com metade desta pasta e suco de limão por 1 hora.
- Coloque o frango marinado em uma panela e despeje o restante do macarrão por cima. Polvilhe os ingredientes restantes sobre esta mistura.
- Sele com papel alumínio, cubra bem com uma tampa e cozinhe por 45 minutos. Servir quente.

Jhatpat Murgh

(Frango Rápido)

Para 4 pessoas

Ingredientes

4 colheres de sopa de óleo vegetal refinado

2 cebolas grandes em fatias finas

2 colheres de chá de pasta de gengibre

Sal a gosto

1 kg/2¼lb de frango cortado em 12 pedaços

¼ colher de chá de açafrão dissolvido em 2 colheres de sopa de leite

Método

- Aqueça o óleo em uma panela. Adicione a cebola e a pasta de gengibre. Frite-os em fogo médio por 2 minutos.
- Adicione sal e frango. Cozinhe por 30 minutos, mexendo sempre. Polvilhe com a mistura de açafrão. Servir quente.

Frango com curry verde

Para 4 pessoas

Ingredientes

Sal a gosto

Uma pitada de açafrão

Suco de 1 limão

1 kg/2¼lb de frango cortado em 12 pedaços

3,5 cm/1½ polegada de raiz de gengibre

8 dentes de alho

100g/3½ onças de folhas de coentro picadas

3 pimentões verdes

4 colheres de sopa de óleo vegetal refinado

2 cebolas grandes raladas

½ colher de chá de garam masala

250ml/8fl oz de água

Método

- Misture sal, açafrão e suco de limão. Marinar o frango com esta mistura por 30 minutos.
- Moa o gengibre, o alho, as folhas de coentro e a pimenta até obter uma pasta lisa.
- Aqueça o óleo em uma panela. Adicione o macarrão junto com a cebola ralada e refogue em fogo médio por 2-3 minutos.
- Adicione o frango marinado, o garam masala e a água. Misture bem e cozinhe por 40 minutos, mexendo sempre. Servir quente.

Murgh Bharta

(Frango Ensopado com Ovos)

Para 4 pessoas

Ingredientes

4 colheres de sopa de óleo vegetal refinado

2 cebolas grandes em fatias finas

500g / 1lb 2 onças de frango desossado, cortado em cubos

1 colher de chá de garam masala

½ colher de chá de açafrão

Sal a gosto

3 tomates em fatias finas

30g/1oz de folhas de coentro picadas

4 ovos cozidos, cortados ao meio

Método

- Aqueça o óleo em uma panela. Frite as cebolas em fogo médio até dourar. Adicione o frango, o garam masala, a cúrcuma e o sal. Frite por 5 minutos.
- Adicione os tomates. Misture bem e cozinhe em fogo baixo por 30-40 minutos. Decore com folhas de coentro e ovos. Servir quente.

Frango com Sementes de Ajowan

Para 4 pessoas

Ingredientes

3 colheres de sopa de óleo vegetal refinado

1½ colher de chá de sementes de ajowan

2 cebolas grandes, finamente picadas

1 colher de chá de pasta de gengibre

1 colher de chá de pasta de alho

4 tomates picados finamente

2 colheres de chá de coentro moído

1 colher de chá de pimenta em pó

1 colher de chá de açafrão

1 kg / 2¼ lb de frango cortado em 8 pedaços

250ml/8fl oz de água

Suco de 1 limão

1 colher de chá de garam masala

Sal a gosto

Método

- Aqueça o óleo em uma panela. Adicione as sementes de ajowan. Deixe-os chiar por 15 segundos.
- Adicione a cebola e refogue em fogo médio até dourar. Adicione a pasta de gengibre, a pasta de alho e os tomates. Frite por 3 minutos, mexendo ocasionalmente.
- Adicione todos os ingredientes restantes. Misture bem e cubra com uma tampa. Cozinhe por 40 minutos e sirva quente.

Tikka de frango com espinafre

Para 4 pessoas

Ingredientes

1 kg/2¼ lb de frango desossado, cortado em 16 pedaços

2 colheres de sopa de ghee

1 colher de chá de chaat masala*

2 colheres de sopa de suco de limão

Para a marinada:

100g / 3½ onças de espinafre moído

50g/1¾oz de folhas de coentro moídas

1 colher de chá de pasta de gengibre

1 colher de chá de pasta de alho

200g/7 onças de iogurte

1½ colher de chá de garam masala

Método

- Misture todos os ingredientes da marinada. Marinar o frango com esta mistura por 2 horas.
- Regue o frango com o ghee e asse em forno a 200°C (400°F, Gas Mark 6) por 45 minutos. Polvilhe o chaat masala e o suco de limão por cima. Servir quente.

Frango Yakhni

(Frango da Caxemira)

Para 4 pessoas

Ingredientes

3 colheres de sopa de óleo vegetal refinado

1 kg / 2¼ lb de frango cortado em 8 pedaços

400g de iogurte

125g/4½ onças de besan*

2 dentes

2,5 cm/1 polegada de canela

6 grãos de pimenta

1 colher de chá de gengibre em pó

2 colheres de chá de erva-doce moída

Sal a gosto

250ml/8fl oz de água

50g/1¾oz de folhas de coentro picadas

Método

- Aqueça metade do azeite numa frigideira. Adicione os pedaços de frango e frite em fogo médio até dourar. Deixou de lado.
- Bata o iogurte com o besan até formar uma pasta grossa. Deixou de lado.
- Aqueça o óleo restante em uma panela. Adicione o cravo, a canela, a pimenta, o gengibre em pó, a erva-doce em pó e o sal. Frite por 4-5 minutos.
- Adicione o frango frito, a água e a pasta de iogurte. Misture bem e cozinhe por 40 minutos. Decore com folhas de coentro. Servir quente.

Frango com pimenta

Para 4 pessoas

Ingredientes

3 colheres de sopa de óleo vegetal refinado

4 pimentões verdes picados finamente

1 colher de chá de pasta de gengibre

1 colher de chá de pasta de alho

3 cebolas grandes, fatiadas

250ml/8fl oz de água

750 g / 1 lb 10 onças de frango desossado, picado

2 pimentões verdes grandes, cortados em juliana

2 colheres de sopa de molho de soja

30g/1oz de folhas de coentro picadas

Sal a gosto

Método

- Aqueça o óleo em uma panela. Adicione pimenta verde, pasta de gengibre, pasta de alho e cebola. Frite em fogo médio por 3-4 minutos.
- Adicione a água e o frango. Cozinhe por 20 minutos.
- Adicione todos os ingredientes restantes e cozinhe por 20 minutos. Servir quente.

Frango com pimenta

Para 4 pessoas

Ingredientes

4 colheres de sopa de óleo vegetal refinado

3 cebolas grandes, finamente picadas

6 dentes de alho picados finamente

1 kg/2¼lb de frango cortado em 12 pedaços

3 colheres de chá de coentro moído

2½ colheres de chá de pimenta preta moída na hora

½ colher de chá de açafrão

Sal a gosto

250ml/8fl oz de água

Suco de 1 limão

50g/1¾oz de folhas de coentro picadas

Método

- Aqueça o óleo em uma panela. Adicione a cebola e o alho e refogue em fogo médio até dourar.
- Adicione o frango. Frite por 5 minutos, mexendo sempre.

- Adicione o coentro moído, a pimenta, a cúrcuma e o sal. Frite por 3-4 minutos.
- Despeje a água, misture bem e tampe. Cozinhe por 40 minutos.
- Decore com suco de limão e folhas de coentro. Servir quente.

www.ingramcontent.com/pod-product-compliance
Lightning Source LLC
Chambersburg PA
CBHW070422120526
44590CB00014B/1496